AI와 독립영화 제작

AI총서

인공지능 시대입니다. 기계가 인간의 인지를 대신하고, 사물이 인간을 통하지 않고 다른 사물과 직접 커뮤니케이션합니다. 이에 따른 인간 삶과 문명 변화를 정확히 이해·예측·대응하는 것은 이 시대 우리 모두의 과제입니다. AI총서는 인공지능 기술과 환경의 여러 주제를 10가지 키워드로 정리합니다. 관련 개념과 이론, 학계와 산업계의 쟁점, 우리 일상의 변화를 다룹니다. 인간과 기술의 현재, 미래를 세심히 분석합니다.

일러두기

- 인명, 작품명, 저서명, 개념어 등은 한글과 함께 괄호 안에 해당 국가의 원어를 병기했습니다.
- 외래어 표기는 현행 어문규정의 외래어표기법을 따랐습니다.

처음이세요?

전문가세요?

AI와 독립영화 제작

오혜령

대한민국, 서울, 커뮤니케이션북스, 2025

AI와 독립영화 제작

지은이 오혜령
펴낸이 박영률

초판 1쇄 펴낸날 2025년 11월 18일

커뮤니케이션북스(주)
출판 등록 2007년 8월 17일 제313-2007-000166호
02880 서울시 성북구 성북로 5-11
전화(02) 7474 001, 팩스(02) 736 5047
commbooks@commbooks.com
www.commbooks.com

ISBN 979-11-430-0239-6 03500

책값은 뒤표지에 표시되어 있습니다.

차례

AI와 협업하는 저예산 독립영화

영상 예술의 한가운데 영화가 있다. 기술 혁신과 함께 매체는 다양한 플랫폼을 통해 변형 발전하고 있다. 스마트폰 시대가 되면서 유튜브와 각종 SNS에 게시되는 영상 콘텐츠는 상당수 1인 제작 시스템으로 완성된다. 사람들은 더 이상 관객 또는 시청자에 머무르지 않는다. 블로그 또는 단순 UCC로 시작한 표현에서 영상 기반 예술 산업의 능동적 제작 주체가 된 것이다. 영화도 전문가와 비전문가의 경계가 허물어지고 있다. 이제 영화와 비영화의 경계를 고민하면서 기회를 엿봐야 할 것이다. 이는 영화 제작에 대한 부담을 줄이고 실행력을 높이는 핵심 과제다.

영화는 리얼리즘 미학을 통해 현실을 살아 있는 듯 자연스럽게 묘사했다. 1895년 뤼미에르 형제에 의해 시네마토그래프는 영화 탄생을 알리는 동시에 물질적 현실을 기술적으로 복제하고, 예술적으로 모방하는 영화의 존재론을 뿌리내린다. 고전 할리우드 리얼리즘을 통해 내러티브 중심 영화들이 오락적 재미와 부르주아 이데

올로기를 담았고, 네오리얼리즘은 전후 이탈리아에서 민중의 삶을 사실적으로 표현하는 동시에 자연 조명, 로케이션 촬영 등 표현 기법의 의미를 발견케 했다. 다큐멘터리는 실재하는 현실 기록을 통해 삶에 대해 발견과 성찰의 기회를 제공했다.

리얼리즘 반대편에서 출발한 표현주의는 영화의 마술적, 환상적 측면을 강조하며 형식주의와 초현실주의 등 여러 경향을 선보였다. 특히 프리츠 랑의 〈메트로폴리스〉와 세르게이 예이젠시테인의 〈전함 포템킨〉은 당대의 고민을 독창적인 형식과 은유를 통해 각각 디스토피아와 인민의 투쟁을 묘사했다. 루이스 부뉴엘의 〈안달루시아의 개〉는 파편적 이미지가 이끄는 초현실주의의 다양한 형식 실험을 이끌었다. 영화 기호학의 창시자 크리스티앙 메츠는 영화 속 파격적인 형식 실험에 담긴 의미를 결여된 욕망을 드러내는 '상상적 기표' 개념을 통해 해석했다. 리얼리즘이 객관성을 강조한 반면 표현주의는 주관적 의식을 중시했다.

기술과 형식 실험을 통한 아방가르드 영화들은 매체의 물질성을 탐구하며, 1920년대와 1960년대에 번성했다. 다다이즘과 절대 영화는 기존의 내러티브를 거부하고 추상적 이미지를 활용했고, 초현실주의 영화는 무의식과 환상을 강조했다. 이는 각 공동체의 정치 사회적 혼란 속에서 1960년대 유럽의 정치적 모더니즘과 미국 언더그라운드 영화들이 태동하여 각각 정치성과 문화적 자유를 중심으로 실험적 기법을 추구했다. 감각을 확장하고 창조적 실험을 통해 영화의 본질을 탐구한 것이다. 1980년대 이후 비디오 설치와 디지털 기술은 영화 예술의 개념을 확장하며 새로운 미래를 제시하는 동시에 시민 저널리즘 성장과 자유로운 자기표현을 이끌었다.

20세기 후반에 등장한 포스트모더니즘은 리얼리즘의 객관적 재현을 부정하고 모더니즘의 엘리트주의에 반대하면서도 대중적이고 상업적인 표현을 추구했다. 프레드릭 제임슨은 포스트모더니즘을 후기 자본주의의 문화 논리로 규정했고, 데이비드 하비는 자본주의 위기와 시공간 압축 논리와 연관시켰다. 포스트모더니즘 영화는 내러티브 중심성을 거부하고, 이미지와 스펙터클을 강조했다. 직선적 스토리 구조를 해체하고 상호 텍스트성, 패러디, 콜라주 등 혼성 모방 양식을 활용했다. 영화적 시공간은 허물어지고 다차원적이며, 현실과 허구의 경계를 무너뜨리며 감각적 유희를 추구했다. 이러한 탈역사화와 파편화된 내러티브, 그리고 디지털 복제와 시뮬레이션 시도는 영화 표현 방법을 더욱 확장했다.

1980년대부터 컴퓨터그래픽 기술이 부분적으로 도입된 후, 실사로 표현하기 힘든 이미지를 특수 효과로 만들어 내거나 기존 이미지를 변형 및 조작하는 데 사용되면서 디지털 시네마가 등장했다. 현재 영화의 제작, 상영, 배급, 유통 전반에서 디지털화는 혁신을 이뤘다. 디지털과 결합한 영화는 극장뿐만 아니라 컴퓨터, 인터넷, 휴대전화 등 다양한 멀티미디어 도구를 통해 어디서나 즐길 수 있는 콘텐츠로 변모했다. 영화 제작의 접근성이 가벼워지면서 대중화되었고, 산업의 모습도 급변했다. 디지털 시네마는 스펙터클 중심의 시각적 표현을 넘어, 객관적 현실과 가상 이미지의 경계를 허물며 가상 이미지 시장을 확장하고 있다. 그리고 현재 AI의 등장으로 영화의 미래는 중요한 변화의 한가운데 서 있다.

영화 역사는 새로운 테크놀로지의 등장에 따라 동반 성장했다. 기술의 발전은 많은 순간 파격을 선사했다. 증기, 전기, 인터넷을 지나 인공지능(AI)의 시대에 이르면서 영화 제작과 접근 방식은 혁신했다. 4차 산업혁명으로 인한 AI 등장은 영화의 접근 방식을 획기적으로 교체 중이다. 새로운 기술을 받아들이는 과정에 영상 예술 시장은 언제나 환호와 잡음이 혼재했지만, 잘 살펴보면 적용 과정 단계에서, 영화 창작자들은 예술의 본질을 손

상한 것이 아니라 더 많이 고민하고, 성장케 하였음을 확인할 수 있다. 지금 이 시간도, 테크놀로지의 성장세는 빠른 속도로 진화하고 있다. AI를 대하는 영상 예술 시장이 예외일 수 없다. 잠시만 멈춰도 새로운 기술을 접목한 작품이 솟아오른다. AI를 활용한 혁신적 작품들이 지속적으로 등장하면서 영화는 변화에 적응하고 있다.

매체 변화 흐름 한가운데 서 있다. AI의 등장에 적지 않은 창작자가 위협으로 인식하고 거부감을 드러냈지만, 벌써 대다수가 익숙해졌고, 활용 방법을 고심하고 있다. 그럼에도, 숙고하고, 공들이는 작품을 지향하는 많은 예술가는 여전히 인공지능이 도출한 창작물에 심정적으로 불편함을 느낀다. 그러나 변화의 흐름의 한가운데 서 있는 만큼, 시대의 요구를 곰곰이 생각하면서 현명한 활용 방법을 찾아야 한다. 창작자라면 거의 모두 공감할 고독을 함께 할 동료의 자리에 AI를 위치시키고, 창작 주체가 가지고 있던 아이템이 영상화되는 과정을 동행하면서 도구로 활용해 보는 것이다. AI는 단계별 신속하고, 보편적인 인식 틀을 발견케 하는 조언 도구가 될 것이다.

예산이 넉넉하다면, 사려 깊은 '진짜' 사람과 함께 상호 소통, 빈틈 보완, 그리고 오류 수정 등을 진행하면서 창작의 맛을 정서적으로 풍부하게 경험할 수 있을 것이다. 그런 여유는 예산이 부족할 경우, 거의 불가능하다. 그렇다고 혼자 끙끙 앓고 교착 상태에 있기엔 창작 에너지 소모가 너무 아깝지 않은가. 그렇다면 어떻게 하는 것이 좋을까? 창작 주체가 허용 가능한 한도 내에서, 예산의 부담을 줄이는 방법을 찾아 창작에 긍정적 영향을 미치는 방법을 적용해 보는 게 어떨까? 영화는 테크놀로지에 기댄 예술이다. 영화의 탄생 순간처럼, 기술의 힘을 기억하고, 일단 시도해 보는 거다. 돈이 없다고 계속 머뭇거릴 것인가? 늘 "준비 중이야"라고 말할 것인가? 당장 함께 힘을 모을 동료가 없다고 포기할 것인가? 시대와 기술의 변화를 체득하고 창작의 영역을 지키면서, 자부심에 상처 입지 않는 한도 내에서 활용 방법을 찾아야 하지 않겠는가? 영상 예술가는 결국 한 발 한 발 걷는 사람, 기어이 실행해 보는 사람이다.

IPTV, VOD, OTT 등 영상 시장이 확대되면서 극장 외 다양한 창구를 통해 쉽게 영화를 만날 수 있게 됐다. 접근성이 좋아졌으니, 한국의 영화 산업은 순항 중일까? 문화 예술에 관심 있는 이라면, 최근 한국 영화 시장이 위기에 처했다는 기사를 한 번쯤은 접했을 것이다. 여러 이유가 있겠지만, 코로나19 팬데믹 이후 관객 수는 많이 감소했고, OTT 플랫폼을 통한 영화 시청이 증가하면서 극장 방문 횟수가 현저히 줄었다. 여기에 인건비 및 물가 상승으로 인한 제작비 증가와 대작 영화들의 흥행 실패는 영화를 향한 투자사들을 위축하게 했다. OTT 산업의 활성화와 동시에 전통적인 영화 산업 구조가 변화한 것이다.

여러 요인이 복합적으로 작용하면서 과도기의 한국 영화 시장 한가운데 있는 창작 주체들은 어떻게 위기를 극복하고 있을까? 더욱이 수익 창출이 최우선 목표인 상업 영화계 반대편에 있는 독립영화 제작 주체들은 여전히 열악한 상황을 어떻게 대처하고 있을까? 독립영화 제작 주체는 저예산 영화 제작을 위해 어떻게 제작비 해결을 고민하고 있을까? 이전의 경우, 독립영화 창작자들은 메가TV 방영을 위한 저예산 영화 제작을 대안으로 삼기도 했다. 관객을 만나기 위해 만들었으니, 반드시 극장 스크린이 아닌 경우를 준비한 것이다. 더불어 독립영화 창작자와 영화 연구자들은 저예산 영화의 효율적 제작을 위해 사전 제작 단계, 제작 단계, 후반 작업 단계 등에서 저예산 영화 제작 시 유의할 점들을 제시했다. 그 프로세스를 한 걸음 한 걸음 따라가 보면서 창작 방향을 나누고자 한다.

저예산 영화란, 상업 영화에 비해 상대적으로 적은 예산으로 제작된 영화를 의미한다. 각 국가와 시기에 따라 저예산의 기준이 다를 수 있지만, 한국의 경우, 현재 순제작비 10억 원 미만의 영화를 보통 저예산 영화로 간주한다. 물론 단순히 예산이 적다고 저예산 영화로 분류하지는 않고, 합리적인 제작 시스템 구축을 기반으로 예산을 절감한 경우를 지칭한다. 저예산 영화 창작자들은 촬영 회차, 등장인물, 그리고 공간 이동이 적은 경우와 전문성을 갖춘 최소한의 스태프와 배우와의 작업에서 효율성을 극대화하는 것이 중심이라고 말한다.

현재의 대형 프로젝트 예산과는 큰 차이가 있지만, 1998년부터 한국 영화 시장에 제작비 20억 원 이상의 한국형 블록버스터 영화들이 등장하면서 반대급부로 저예산 영화라는 개념이 생겼다. 이는 예산을 효율적으로 사용한 영화들을 지칭한 것으로, 여유롭지 않은 여건임에도, 핵심 인력과 단기간 촬영을 위해 한정된 세트와 세밀한 계획, 그리고 이를 제대로 실행할 수 있는 창의적 연출력이 수반된 작품을 저예산 영화라 부른 것이다. 기술 발전과 고정된 틀을 깨려는 의도와 다양한 도전 정신에 의해 도출된 결과라 할 수 있다. 더불어 다양성 시장의 위기를 발견하고 대안을 찾은 경우다. 다만, 매체와 관객의 특수성을 고려하지 않아 단순 시도에 머무른 예도 있다. 그럼에도 오직 스크린 상영 원칙이라는 인식의 틀에서 벗어나 영화적 소통을 시도한 탁월한 접근 방법 중 하나이기에 유의미하다.

주어진 조건 안에서 창작자가 영화를 만들어 낼 방법을 모색하는 것 자체가 영상 예술에 대한 애정이자 탐구다. 다양한 기술은 영상 예술가의 신선한 시도와 동반 성장한다. 창작의 형식과 영역이 확장되는 것이다. 현재 영화 제작 방식은 어떤 변화가 있었을까? 필름으로 출발한 영화는 일상의 기록에서 출발해 꿈과 상상을 표현하기 위한 고민의 과정을 통해 예술의 영역에 뿌리내렸다. 산업혁명의 과정을 거치며 아날로그에서 디지털 시대가 도래했다. 정보통신 혁명은 디지털 카메라의 확산과 스마트폰 등장의 시대를 열었다. 영화 제작 문화가 끊임없이 변화한 것이다. 기술의 편리성과 소셜 미디어는 영상 제작에 대한 인식과 접근 방식에도 속도를 부여하면서 새로운 문화를 만들어 냈다. 필름 카메라가 없으면 불가능했던 영화 제작이 스마트폰과 같은 개인 기기만 있으면, 누구나 가능해진 것이다. 그럼에도 자본이 없어서 도전이 힘들다고 말하는 창작 주체에게 영화에서 가장 중요한 것은 바로 준비성과 실행력임을 강조할 수 있다.

나아가 인공지능의 등장과 성장세는 영화 제작 시스템에 AI를 활용해 다양한 테스트가 가능함을 인식하게 한다. 더욱이 모든 프로세스를 AI에 기댄 채 제작한 영화를 만나는 AI 영화제도 확산되고 있다. 인공지능에 의한 다양한 상품 공개의 장이 많은 분야에서 빠른 속도로 확장되고 있는 것이다. 특히, 문화 예술계에서는 수많은 문제 제기에도 불구하고, 제작 전 과정을 AI에 의존한 결과물을 창작물로 인정해야 하는 현실에 직면해 있다. 국내외 많은 영화제의 조직위원회에서도 AI 영화 상영을 도입하면서 생성형 AI의 활용 범위가 큰 관심거리가 되고 있다. 활용 범위를 떠나 기존 영화 제작 방식 층위가 확장되었음을 부인할 수 없다.

"준비 중이야"라는 말을 얼마나 했던가? 반대로 얼마나 많이 들었던가? 영화 만들기의 주체가 되고자 하는 사람과 주체와 가까운 사람들이 가장 빈번하게 주고받는 말일 게다. 영화는 혼자 할 수 없는 협업 예술이다. 돈이 없으면 만들 수 없는 자본 예술이자, 세공술을 발휘해야 하는 탐구 예술이다. 100% AI에 기댄 작품이 나오는 시대다. 그런데 우리는 왜 준비만 하고 있을까? 물론, 영화에 접근하는 사고가 다를 것이다. 학생 때는 한 사람의 아이템을 중심으로 삼삼오오 모여 어떻게든 결과물을 끌어내지만, 많은 영화 창작 주체가 학교를 떠나는 순간, 다양한 이유를 들어 준비 중이라고 말하는 이유와 연관이 있을 것이다. 만들고 싶은데, 전처럼 함께 소통할 사람이 없거나 돈이 없기 때문이다. 파고들어야 하는데, 도전을 앞두고 탐구에 부침이 느껴질 것이다. 그래서 지금도 계속 준비만 하고 있는 것이다. 물론, 옳다. 영화 제작은 준비 싸움이다. 그런데 준비만큼 중요한 것이 실행력이다. 실행해야 관객을 만날 수 있다.

현재 조건에 불평하지 말고 방법을 찾자. 이제 AI를 활용하자. 꿈꾸는 영화 제작 방식이 아니더라도, 그 과정과 답변이 썩 마음에 들지 않는다 해도 좌절하지 말자. 인내하자. 어떤 경우에도 서운할 일, 마음 상할 일 없는 친구가 하나 있다고 생각하면 된다. 시작하자. 지금 당장. 아무도 없는 것보단 낫지 않은가? 괜찮다. 대화할 상대가 있는 것만으로도 얼마나 감사할 일인가? 이제 효율적인 소통 방법을 찾자. AI를 향한 명령어를 영화 제작을 위해 만난 동료와 소통하는 연습 시간이라고 여기자. 하고 싶은 이야기가 있는가? 이야기의 출발은 브레인스토밍과 자료 검색이다. 내 생각을 거침없이 말하고 의견을 듣자. 그 과정을 반복한다면, 이미 우리의 영화는 굴러가고 있을 것이다. 무엇을 이야기할 것인가? 어떻게 표현할 것인가? 어떤 재료로 효율성을 극대화할 것인가? 등을 고심해야 한다. 혼자 끙끙대지 말고 대담하게 던지자. 다만 지구력으로 무장한 채 대화해야 한다는 것을 잊지 말자.

영화는 시, 소설처럼 1차 저작물에서 작품으로 인정받는 예술이 아니다. 영화 언어와 영상 예술 형식을 지켜 완성해야 한다. 무수한 의견 교류를 통해 점검 및 수정 보완하는 것은 관객 반응 예측을 위해서다. 협업 예술답게 각 분야를 담당한 전문가와 소통하며 완성한다. 수많은 선택의 갈림길에서 결정은 오롯이 감독의 몫이다. 그럼에도 아이템을 결과물로 끌어내는 과정에 구현을 위한 소통 상대가 없다면, 동력을 상실하기 마련이다. 에너지 부족은 예측 가능성과 완성도를 낮추게 되는 것이다. 단 한 사람을 위한 영화를 만들고 싶다는 창작자도 존재하지만, 산업의 개념과 창작 활동의 순환에 대해 고려한다면, 저예산 독립영화가 나아갈 방향에 대해 더 폭넓게 고민하고 있을 것이다. 영상 예술가답게 어떻게 독창성을 가질 것인지, AI를 동원해 끊임없이 점검하는 건 어떨까? 질문의 수준이 창작 주체의 수준이다. 대화력을 높이자.

참고문헌

강영희(1989). "일제강점기 신파양식에 대한 연구". 서울대학교 석사학위 논문.

유순미·지용진(2010). 《아이폰 영화 만들기》. 영진닷컴.

정재형(2003). 《영화 이해의 길잡이》. 개마고원.

정헌(2013). 《영화 역사와 미학》. 커뮤니케이션북스.

진경아(2010). "디지털 기술에 의한 매체 예술의 리얼리티 표현에 관한 연구". 《디지털디자인학연구》, 10(3), 93~102쪽.

황병국(2009). "산-학 공동제작 HD 장편 영화 〈오프라인〉의 제작 연구: 저예산 장편 영화의 제작 연구를 중심으로". 동국대학교 석사학위 논문.

01
저예산 독립영화

흔히 영화를 시대의 거울이라 말한다. 좋은 작품은 시대의 정서와 문화를 반영한다. 인종과 국가의 문제, 젠더와 계급의 문제 등 동시대인의 고민이 창작자의 필터를 거쳐 탄생한다. 사실적이고 일상적인 작품을 보고 '거의 다큐멘터리'라고 한다거나 상상이 중심인 환상적인 작품을 보고 '다가올 미래'라고 하는 것은 영화가 현실과 교차한 지점을 통해 담론 생성 에너지를 드러내는 예술이기 때문일 것이다. 작품의 규모와 상관없이 영화는 현실과 상상 어디쯤 우리를 담아내는 매체다. 공감과 성찰을 불러일으키는.

기후 위기와 인공지능?

한국의 저예산 독립영화

영화는 사회적, 문화적, 정치적 환경을 반영한다. 과거의 역사와 현재의 정치적 사건과 밀접한 관련이 있는 동시대성의 메시지를 안고 있기에 관객에게 큰 반향을 일으킬 수 있다. 이를테면, 제국주의 열망이 분출되던 시기, 독재자 히틀러 주도 아래 레니 르펜슈탈 감독의 작품들이 영화를 정치적 선전의 도구로 악용했다. 이런 사례를 떠올려 본다면, 영화가 사회 문화적 가치관을 형성하는 데 대중에게 영향을 미칠 수 있음에 제기되는 여러 문제를 고민해 볼 만하다. 상업 영화 역시 제작 당시의 사회적 분위기나 정치적 환경이 영화에 반영되지만, 영화의 목적성과 파급력 등 여러 요소 등을 고려해 자본의 영향력이 반영될 수 있다.

예를 들어, 박찬욱 감독의 〈공동경비구역 JSA〉는 남북 문제에 대해 문화와 오락적 요소를 담아 열린 시각을 제시하였으며, 장훈 감독의 〈택시 운전사〉는 장르적 외피를 둘러 5 · 18 광주민주화운동의 진실을 안내했다. 대규모 예산과 상업적 동기, 그리고 경제적 타당성에 어울리는 전략이 성공적으로 반영된 결과라 볼 수 있다. 반대로 저예산 독립영화는 창작 주체가 담론을 생성하고자 하는 이야기가 적은 자본으로 해결되어야 한다. 새로운 것을 담을 수 있는 적합한 표현 방식을 검토하는 능력이 필수다.

황동미 · 한승희(2000)는 저예산영화를 평균 제작비 이하로 만들어진 경제적으로 규모가 작은 영화로 정의한다. 그러나 단순히 제작비가 적게 들었다고 해서 저예산영화라 할 수 없으며, 합리적인 제작 시스템의 구축이 중요한 조건이라고 강조한다. 스태프 구성 방식, 제작 시스템, 그리고 시나리오 구축이 예산 절감에 적합하게 이바지했는지가 저예산영화의 본질을 정의하는 핵심 요소다. 인건비를 지나치게 아끼는 방식은 본질적인 의미의 저예산영화라고 보기 어렵다. 따라서 구조적이고 합리적인 제작 방안을 마련하는 것이 필수적이다.

한국의 저예산 독립영화는 군사독재 시절의 억압적 사회 분위기 속에서 민주화 운동과 함께 등장했다. 대학가 중심의 공동체가 영화의 핵심 제작 주체였다. 이들은 8mm, 16mm 카메라와 같은 간단한 장비를 활용해 비영리적으로 제작된 영화들을 만들어 냈다. 초기 저예산 독립영화는 예술적 표현의 수단이라기보다는 사회적 저항과 정치적 메시지를 담은 운동으로 볼 수 있는데, 독재 정권에 대한 비판과 민주화를 향한 열망을 담은 작은 영화가 시민들에게 큰 공감을 얻은 것이다.

도시 재개발로 인해 삶의 터전을 잃은 사람들의 이야기를 다룬 다큐멘터리 형식의 〈상계동 올림픽〉과 비인간적인 노동 환경 속에서 노동자들이 노동조합을 결성하고 파업을 준비하는 과정을 담은 〈파업전야〉가 그 일환이라고 볼 수 있다. 이후 민주화가 진행되면서 저예산 독립영화들은 정치 · 사회적 메시지를 전달하는 데 그치지 않고, 다양한 형식과 이야기를 탐구하며 현재까지 예술적 · 산업적 성장을 선보이고 있다. 개인의 내면, 공동체의 기억, 소수자의 권리 등 폭넓은 주제를 다루기 시작하는 동시에 기술의 발전과 디지털 영상 장비의 보급으로 제작 환경이 개선되면서, 독립영화의 해외 수상 및 손익분기점 돌파 소식은 독립영화가 상업 영화의 확고한 진입 장벽을 뛰어넘을 수 있다는 가능성과 방향성을 열어준다.

이러한 변화는 한국 저예산 독립영화가 새로운 플랫폼을 통해 관객과 만날 수 있는 기회를 확장하는 계기가 되고 있다. 전용 상영관에 멈추지 않고, 부산국제영화제와 같은 온오프라인 영화 행사에 소개되며, 국내외 관객을 만나는 발판을 마련한 것이다. 결과적으로, 한국 저예산 독립영화는 초기 공동체 중심의 제작 환경에서 출발해, 예술적 탐구와 문화적 가치를 통해 자신만의 영역을 확립해 기존 상업 영화의 틀을 넘어 대안적이고 도전적인 예술 형태로서 자리 잡은 것이다. 상업 영화가 대중의 취향에 맞추기 위해 오락성을 포기하지 않는 것처럼, 인디펜던트 영화로서의 속성을 가지고 있는 저예산 독립영화가 창작 주체의 목적성과 철학, 그리고 메시지를 중심으로 존재의 가능성을 확립하는 역할을 담당하고 있다.

자본의 확보가 제한된 상황에서도 저예산 독립영화는 주류가 꺼내지 않는 이야기를 꾸준히 다루면서 다양한 형식적 실험과 스토리텔링으로 이어져 독특한 흔적을 남기고 있다. 예를 들면 〈나는 나를 해고하지 않는다〉, 〈다음, 소희〉, 〈69세〉 등은 사회적 약자의 현실을 사실적으로 그려내며 차별과 억압 속의 삶을 조명한다. 〈꿈의 제인〉, 〈딸에 대하여〉, 〈정순〉 등은 개인의 내적 갈등이나 정체성을 섬세하게 표현하고 〈지슬〉, 〈귀향〉, 〈그날, 바다〉 등 역사적 기억과 집단적 트라우마를 성찰하는 작품들도 주목받으면서 소위 작은 영화의 유의미성이 뿌리내린 것이다.

이렇게 사회적 불평등과 소수자 문제는 한국 저예산 독립영화에서 빈번하게 다뤄지는 주제 중 하나이지만, 현대 사회에서 끊임없이 벌어지고 있는 문제들인 동시에 문제 제기 단계부터 인식 공유, 해결 과정까지 공론화 과정이 어려운 이야기들이다. 그럼에도 빈부 격차, 노동 환경, 이주민 권리 등 주류 영화가 자주 다루지 않는 사회적 약자의 이야기를 꺼내어 구조적 문제를 직시하게 하고, 차별과 억압 속에서 살아가는 사람들의 삶을 사실적으로 보여주고 있다. 사회적 인식 제고의 장을 제공하고, 개인의 내적 갈등과 공동체의 기억에 대해서도 중요하게 다루는 것이다.

저예산 독립영화의 최근 경향은, 한국 사회의 새로운 문제들, 이를테면 청년과 노인 세대가 직면한 현실, 성소수자의 내면적 고민 등 자아를 찾아가는 과정을 섬세하게 기록하고 있다. 급속도로 변화하는 시대, 생존 투쟁의 한가운데에서 겪는 취업난, 경제적 압박, 그리고 인간관계의 혼란을 통해 관객들에게 인간 존재에 대한 깊은 성찰을 유도하면서 사회적 치유의 방향성을 이끌고 사회적 화합을 모색하는 기능을 하고 있다. 저예산 독립영화는 예술적 깊이와 차별화를 추구하기에 한국 영화 산업에서 독특한 영역을 차지하고, 삶의 여러 모습을 통해 관객들에게 새로운 시각을 제시하고 있다.

물론, 소소한 일상에서 인물의 내밀한 감정을 진솔하게 그려내 삶의 일상성과 인간관계의 섬세한 감정을 들

여다보는 동시에, 다양한 시각적 실험과 창의적 내러티브를 통해 영화 예술의 가능성을 확장하는 가치를 인정한다 해도, 재원 부족과 배급 문제는 여전히 해결해야 할 과제로 남아 있다. 이를 위험 요인으로만 생각하지 말고, 영화의 시작처럼 AI와 같은 기술 발전을 어떻게 활용할지 고민해야 하는 것이다. 분명, 한국의 저예산 독립영화는 주류 영화가 다루지 못한 주제와 접근 방식을 통해 독특한 예술적 가치를 제시한다. AI는 제작비 절감과 효율성을 높이는 과정을 함께 고민하는 동료로서 저예산 독립영화에 새로운 창작 방식을 도입할 기회를 제공할 것이다.

창작 주체의 열망과 기술 혁신을 바탕으로 지속적인 도전의 동행자로서 AI 활용은 저예산 독립영화의 미래를 밝히는 중요한 열쇠가 될 것이다. 상업 영화의 형식적 틀에서 벗어나 주어진 환경 안에서 자유로운 시각적 실험과 창의적인 내러티브를 시도하기 위한 조언자로서, 영화 예술의 다양한 가능성과 통찰을 선보이는 데 주저하지 않기를 바란다. 저예산 독립영화 제작은 더 이상 예산 부족으로 골방이나 지하실에서 고군분투하는 과정이 아닐 것이며, AI 활용은 풍부한 아이디어를 나누는 동료이자 혁신적인 도전을 통해 한계를 넘어 성찰과 발전을 이어 나가는 핵심 도구가 될 것이다.

참고문헌

임우성(2011). “HD 장편 영화 〈채식주의자〉의 연출 제작 보고서: 저예산 장편 영화의 연출 연구를 중심으로”. 동국대학교 석사학위 논문.

조흡(2008). 《영화가 정치다: 대중이 평론가인 포스트 시대 문화정치》. 인물과사상사.

황동미·한승희(2000). “저예산 디지털 영화 활성화 방안에 관한 연구”. 《KOFIC 연구》(연구보고 2000-01). 영화진흥위원회.

02
영화 제작 의미

파스칼은 《팡세》에서 "신음하지 않고, 찾지 않으면 믿을 것이 없다"고 했다. 이를 창작자의 태도와 접합해 본다. 사유하지 않고, 가벼운 선택과 쉬운 선택을 한다면, 관객의 마음에 닿을 수 없다. 넉넉한 자본을 기반으로 제작되는 상업 영화는 다양한 의견을 들을 기회가 확보된다. 저예산 독립영화는 의견 수렴의 기회가 많지 않다. 모든 면에서 여유롭지 않다. 그럼에도 저예산 독립영화는 만들어지고 있다. 깊은 사유를 담은 작품이 꾸준히 만들어진다. 영화가 진리 탐구를 위한 창작 언어로 작용하는 매력 때문일 것이다.

노래하는 AI 보컬?

영화와 삶

영화 역사는 비슷한 시기, 미국과 프랑스에서 촬영과 영사 장치 발명으로 탄생한 예술이다. 활동사진(motion picture)이라는 이름으로 기록한 영상을 접한 관객의 반응을 시작으로, 영화는 형식 실험을 통해 성장하고 사랑받은 예술이다. 1895년에 출발한 영화에서 관객은 일상과 기록의 의미, 그리고 표현 방식을 찾았다. 이후 창작 주체에 의해 사적인 영역부터 이데올로기 등 소재를 확장하면서 수신자에게 메시지를 전달하는 커뮤니케이션 도구로 자연스럽게 자리매김하게 되었다. 이는 영화 속에 우리와 동일한 사람의 삶이 있었기 때문이다. 살아간다는 것은 일정 부분 미스터리를 경험하는 일인데, 유한한 삶의 여정에서 나와 닮거나 다른 타인을 통해 체험하는 미스터리는 매혹적인 경험일 것이다.

이 책은 영화 만들기에 관해 이야기할 때, 창작 주체가 협업자들과 함께 고민하게 되는 요소를 AI 등장 후 보완 가능한 활용 방법을 고민하는 게 목표다. 그러므로 이 책에서의 영화는 다큐멘터리가 아닌 '극영화'를 지칭하는 것임을 먼저 밝혀 둔다. 이는 극영화가 삶의 미스터리를 극적으로 표현하는 과정을 다큐멘터리보다 큰 비중으로 우선시하고 있기 때문이다. 더불어 영화 제작을 이야기할 때, AI와 저예산 독립영화를 연결해 생각한 데에는 다년간 수업을 통해 필자와 학생들이 넉넉지 않은 예산을 극복하기 위해 고민한 흔적을 담기 때문이다. 자신 안에 있는 것을 꺼내는 과정, 꺼낸 것을 구현하는 과정에 지불해야 하는 비용이 있다. 물질적으로 풍요롭지 않은, 열악한 상황에서도 포기하지 않고 결과물을 만들어 내기 위해서는 소통이 간절히 필요하다. 자신을 비롯해 타인과 질의응답을 통해 수정 방향 및 대안을 찾고자 했던 창작 주체의 소박하지만 간절한 바람을 상기해 AI 활용 방법을 찾아보고자 한다.

작은 영화의 열망

먼저 예산이 넉넉하지 않음에도 제작을 갈망하는 저예산 독립영화에 대해 알아보자. 영화 학교에서 영상을 제작한 사람이라면, 혹은 영화 만들기를 한 번쯤 꿈꿨던 사람이라면, 대부분 다시, 잘, 만들어 보기를 희망한다. 한국형 블록버스터의 등장 이후 저예산 영화 제작 편수 역시 눈에 띄게 증가했다. 독립영화, 다양성 영화, 예술 영화, 저예산 상업 영화 등 여러 이름으로 불리면서 관객과 만나게 된 것이다. 소위 작은 영화를 만날 수 있는 곳으로 전용 영화관이 높은 비율을 차지했다면, 관객을 만날 수 있는 장이 각종 영화제, TV, OTT 등을 통해 확장되었다. 이렇게 만남의 장이 확대되고, 일부 저예산 영화가 입소문을 통해 상업적 성공을 거두면서 제작자와 투자자들에게 긍정적 영향을 주었다.

저예산 독립영화는 다양한 소재와 표현 방식의 독창성을 무기로, 개성 넘치는 감독들이 뛰어들면서 영화의 가능성을 보여 준다. 제작비 압박감과 상업적 위험 부담이 적은 저예산 독립영화는 도전을 두려워하지 않는 신인 창작자들에게 중장기적으로 한국 영화의 미래 수익 모델이 될 수 있다. 다만, 모든 도전에는 시행착오 비용이 발생한다. 관객의 마음을 얻거나 수익 창출 등 작품의 성패 변수와 완성도가 고르지 못하기 때문이다. 여기에 상영관 부족을 비롯해 여러 이유로 상업 영화와 경쟁에서 성공 비율이 높지 않다.

19세기 말 영화가 탄생한 뒤 20세기 초반 서구 영화계에는 산업적 측면과 미학적 측면으로 예술 영화와 독립영화라 분류된 작품들이 뿌리내렸다. 미국의 경우, 할리우드 스튜디오 시스템이 확립되면서, 독립영화는 메이저 영화사의 구조 밖에서 군소업자들이 제작한 영화를 의미했다. 프랑스는 시인, 화가, 극작가 등 예술가들이 미학적 이념을 구현하기 위해 활동의 결과물들을 예술

영화(Art Film)와 전위 영화(Avant-garde Film)로 불렸다. 한국에서 독립영화의 개념은 1980년대 등장했다. 8mm 또는 16mm 카메라로 제작해 비영리적으로 배급된 영화들을 지칭한다. 대학가 중심으로 군사 독재 권력에 저항하고, 연대하여 민주화 운동을 하는 공동체에서 출발한 것이다. 그렇기에 미학적인 측면보다 정치, 사회적 메시지가 담겼다. 독립영화는 열린 영화, 아마추어 영화, 작은 영화, 다양성 영화, 저예산 영화 등의 용어와 혼용되는데, 거대 자본 투입 후 수익 창출을 위해 철저히 계산되는 상업 영화의 반대편에 있는 작품들을 포괄적으로 받아들이는 것으로 볼 수 있다.

그렇다면, 다양성을 확인할 수 있는 저예산 독립영화의 문제는 무엇일까? 저예산 독립영화 완성 후 제작 주체는 배급사를 만나 폭넓은 홍보를 할 수 있을까? 그렇진 않은 것 같다. 극장 상영관을 확보하지 못하거나 일회성 시사 후 적극적으로 관객을 만날 수 있는 방법을 찾지 못한 채 창고에 사장되는 경우가 많다. 부가 판권 수익도 다르지 않다. 한국 영화의 부가 판권 수익률이 높아졌다고 해도, 마케팅 경험과 비결이 부족한 개인 제작자들은 상업 영화들과 달리 수익 창출에 어려움을 겪고 있다. 저예산으로 제작된 다수의 영화가 이러한 악순환 구조에

갇혀 있는 것이 현주소다.

그럼에도 관객은 좋은 영화를 알아본다는 믿음으로 우리는 영화를 만들어야 한다. 창작 주체는 하고 싶은 이야기를 영상화해야 한다. 이제 어떤 단계를 밟을 것인가? 기획 단계는 창작물의 준비 단계다. 영화를 제작하고 결과를 손에 쥐기까지 모든 프로세스 중 가장 중요하다. 이때 이야기, 메시지, 관람층, 제작비 그리고 재원 조달 방법 등을 구체적으로 세운다. 영화 제작 목표를 분명히 하고, 제작 완료 후까지 각 단계에서 목표에 맞게 제대로 진행되는지 확인해야 한다. 작품의 설계도인 시나리오는 영화 제작의 시작이자 끝이라고 여겨도 지나치지 않으니 기획 단계의 중요성을 기억하고, 소통을 통해 가장 많은 점검과 수정 및 대안을 마련해야 한다.

이제 저예산 독립영화 기획 단계에 왜 AI가 필요할까를 생각해 보자. 영화는 창작 주체가 표현술을 뽐내겠다는 것이 목적인 매체가 아니다. 어쩌면 영화는 창작 주체에게 삶의 의미이자 꿈인 분야다. 창작 주체의 개인적 만족을 넘어, 영화는 대중을 만나는 산업이자 시대를 반영한 문화적 가치를 지닌 대중 예술이기에 쉽게 정의하기 힘든 복합적인 개념이다. 특히 예산이 넉넉하지 않은 상황에 완성된 영화는 한정된 공간에서 단기간 촬영된 경우가 많다. 그런 이유로 B급 영화의 공통분모를 언급하기도 한다. 하지만, 작가의 개성, 즉 작가가 하고자 하는 메시지가 강하게 드러나는 경우가 많다. 제작 주체가 반드시 해야만 하는 이야기를 한 것이다. 이 지점을 중심으로, 하고자 하는 이야기를 갖고 있는 상황에 투자자를 만나지 못한 작품, 즉 제작비가 없는 작품의 진행 과정에 어떻게 AI를 활용해 진행할 수 있는지 기획부터 후반까지 단계별로 확인하고자 한다.

이를테면, 영화 창작을 꿈꾸며 오랜 시간 창작 주체 머릿속을 맴도는 이야기를 기반으로, AI한테 “저예산 영화를 만들 때 예산을 줄이기 위한 주요 고려 사항 10가지를 알려 줘”라고 묻고 진행해 보는 식이다. 위의 첫 질문에 AI는 이렇게 답했다. 첫째, 시나리오 선택은 특별한 효과나 고가의 세트를 요구하지 않는 스토리를 선택한다. 둘째, 장소 선정은 무료 또는 저렴한 장소를 활용한다. 친구나 가족의 공간, 자연 환경 등이 좋은 예다. 셋째, 전문 배우 대신 열정적이고 재능 있는 비전문 배우를 캐스팅한다. 넷째, 촬영 장비는 최신 장비를 구매하는 대신 대여하거나 저렴한 장비를 사용한다. 스마트폰 활용도 가능하다. 다섯째, 필수 스태프만 최소한으로 고용하여 인건비를 줄인다. 여섯째, 철저한 계획을 통해 촬영 일

수를 최소화한다. 일곱째, 꼼꼼한 준비를 통해 촬영 중에 발생할 수 있는 추가 비용을 방지한다. 여덟째, 새로운 소품을 구입하는 대신 재사용 가능한 소품을 활용한다. 아홉째, 후반 작업 비용 절감을 위해 편집, 음향 효과 등을 직접 하거나 저렴한 서비스를 이용한다. 열째, 지역 기업이나 커뮤니티 후원을 받아 비용을 절감한다.

AI의 조언을 정리해 보면, 도그마 선언과 네오리얼리즘 작품의 제작 방식과 겹치는 지점이 있다. 저예산 영화 제작을 목표로 일부만 취해 정리한다면, 일단 제작 주체가 만들고 싶은 이야기가 멜로드라마 장르든, 호러 장르든, 사실주의에 기반할 것, 무료로 활용할 수 있는 공간 설정 및 자연광 활용을 최대화할 것, 준비된 연기력을 갖춘 매력적인 무명 배우와 최소한의 스태프와 장비로 진행할 것 등을 염두에 두고 스토리를 개발해야 한다는 것이다. 이를 전제로 창작자는 무수히 많은 시간을 외롭게 고민해야 한다. 이때 창작 주체는 상의할 사람이 필요할 것이다. AI에 묻자. 부끄러워하지 말고 질문한다. 간절해야 넓고 깊은 질문을 할 수 있다. 때로는 벽처럼 느껴지는 답을 얻는 경우가 있을 것이다. 어쩌면 반려 동물의 표정에서 원하는 것을 알아채야 하는 경우처럼 느껴질 것이다. 그럼에도 우리의 작품은 멈추지 않고 한 걸음 한

걸음 걸어가고 있다는 것을 알게 될 것이다. 누구와 작업해도 첫 회의에서 배부를 수 없다. 만족스러운 회의로 만들어 가자.

참고문헌

박철(2003). "저예산영화 투자 제작 배급시스템에 대한 연구". 《영화연구》, 22, 99~123쪽.

이찬복(2015). 《단편 영화 제작 입문》. 커뮤니케이션북스.

정재형(2009). "저예산 상업 영화의 희망: 〈과속스캔들〉, 〈워낭소리〉, 〈똥파리〉를 중심으로". 《영화평론》, 22, 154~172쪽.

홍준석(2014). "저예산 영화의 제작 방식 연구: 〈미국인 친구〉 제작 사례를 중심으로". 동국대학교 석사학위 논문.

Bordwell, D. & Thompson, K.(1993). *Film art: An Introduction.* 주진숙·이용관 옮김(1997). 《영화예술》. 이론과실천.

03
기획 및 초고

시나리오엔 글발이 필요 없다. 완벽한 소설도, 시나리오 작가에게는 하나의 소재일 뿐이다. 그럼에도 문학을 알아야 잘 쓸 수 있다. 서사의 힘을 알아야 한다. 영화 시나리오는 이야기 구축의 힘이 필요하다. 무엇을 어떻게 쓸 것인가? 사건을 어떤 방식으로 풀 것인가? 긴장감을 떨어뜨리지 않고 이야기를 이끄는 방법이 중요하다. 성공 포인트는 통찰력과 상상력이다. 독립영화엔 많은 인물이 필요하지 않다. 중요한 건 하고 싶은 이야기를 어떤 구조 안에 넣을 것인가다. 구조 속 인물은 창작자의 대변인이다.

인공지능과 편향?

영화의 시작

시나리오는 영화 제작의 시작이다. 공연을 위해 준비한 메모가 영화 촬영의 토대가 된 것이 바로 시나리오의 출발이었다. 감독이 시나리오를 쓰는 것은, 자신이 하고 싶은 이야기를 표현하겠다는 의지와 창의력을 드러내는 첫걸음이다. 누군가 쓴 시나리오로 제작에 착수한다 해도, 연출자의 창작 방향성과 의도, 그리고 제작 환경을 고려해 각색이 필요하다. 특히, 저예산 독립영화일 경우, 연출자에게 본인 시나리오가 없다면, 진행이 현저히 어려워진다. 많은 저예산 독립영화의 경우, 감독의 확고한 의지와 추진력에 의해 결과물로 도출되는 경우가 적지 않기 때문이다. 기획과 제작에 감독이 깊이 관여할 수밖에 없는 구조이기에, 상당수 감독이 하고 싶은 이야기를 자신의 개성이 담긴 시나리오로 출발한다. 이미 준비된 상태인 것이다. 무엇보다 저예산 독립영화 제작 창작 주체가 준비력이 뛰어난 이유는 그 누구도 이 창작 전쟁에 등 떠밀지 않기 때문이다.

장편 상업 영화와 저예산 독립영화의 차이를 생각해보자. 저예산 독립 장편 영화는 단편 영화 제작과 크게 다르지 않다. 대부분의 독립영화 감독은 자신이 하고 싶은 이야기를 리듬에 실어 자유롭게 쏟아내는 래퍼

(Rapper)와 같다. 제작 여건을 충분히 인지하고 그것이 반영된 결과물인 것이다. 여유롭지 않은 여건에서 자신만의 고유한 스타일과 목소리를 찾아낸 것이 개성이 두드러지는 결과로 이어진다고 볼 수 있다. 물론, 쉽지 않은 여건을 핑계로 쉬운 선택을 한 것이 아니다. 독자적인 특성을 최대치로 찾아내기 위해, 창작 주체는 주변 일에 무심한 태도가 아니라 일상 속에서 영감을 얻는 훈련이 수반된 결과다. 저예산 독립영화 창작자가 되고 싶다면, 먼저 작은 일들을 주의 깊게 바라보자. 겉으로 보이는 것 이상의 상상력과 성찰적 태도가 차별화를 이끌고, 작가 특유의 독창적인 시선을 형성한다.

시나리오를 써야 한다고 결정하면, 많은 질문이 머리를 스칠 것이다. 하고 싶은 이야기가 무엇인가? 왜 영화를 만들어 보겠다는 마음을 갖게 되었는가? 무엇이 창작 열차를 출발시켰는가? 당신은 어느 날 문득, 의문을 품는 상황이 떠올랐을 것이다. 우주 한가운데에서 벌어질 법한 환상적인 이야기가 떠올랐을 수도 있다. 일상 속 누군가의 특별한 말이 떠올랐을 수 있고, 강렬한 한 장의 사진이 떠올랐을 수 있다. 잊히지 않는 뉴스 속 사건일 수도 있다. 무엇이든 좋다. 자기 안에서 맴돌고 있는 이야기를 브레인스토밍(Brainstorming)해 보자. 이야기할 동료가 없는가? 그러면 어떤가? 메모할 수 있으면 된다. 시나리오의 시작은 단순 메모였다. 메모가 대사가 되고, 촬영을 위한 표현 양식으로 성장한 것을 기억하자. 무슨 생각을 하고 있는지 밖으로 꺼낼 수 있는 것은 기록하는 행위로 가능하다. 저예산 독립영화를 만들고 싶다면서 하고 싶은 이야기를 타인이 대신해 주기만을 바란다면, 자신의 실행력에 대해 곰곰이 생각해 보는 게 좋다. 활자로 기록하는 것도 실행력을 입증하는 여러 요소 중 하나임을 잊지 말자.

자. 이제 기록의 중요성을 인지했다면, 자신이 무슨 이야기를 하고 싶은지 정리해 보자. 창작자가 자신이 전달하고자 하는 메시지나 감정을 명확히 알고 있어야 한다. 이야기를 구체화할 때, 주제와 전개 방식을 계획할 수 있다. 이제 머릿속을 떠다니는 단어들을 모아 보자. 생각은 채집하지 않으면 사라진다. 브레인스토밍은 영화뿐만 아니라 모든 창작에서 매우 중요하다. 여러 아이디어를 자유롭게 떠올리고 토론과 공유를 통해 제한 없이 사고 확장을 할 수 있다. 새로운 관점, 영감 등을 발견할 수 있다. 창작 주체의 아이템이 활성화되는 단계인 것이다. 반짝이는 아이디어를 밖으로 꺼내는 과정에서 주저하지 말자. 이 과정이 능숙한 창작자라면 머뭇거리지

않고 질주할 수 있을 것이다. 이 단계에서 창작자에게 가장 절실한 게 뭐냐고 물으면, 예술학교 학생들은 상의할 동료가 있으면 좋겠다고 말한다. 물론이다. 동료가 있으면 좋다. 저예산 독립영화를 준비한다면 이 단계에서 인공지능과 빨리 친구가 되기를 권한다.

생각 정리

영화는 집단 지성을 확인할 수 있는 협업 예술이다. 시나리오 집필 단계는 영화 제작의 첫 단계다. 첫 단계부터 마지막 단계까지 무수히 많은 의견이 모인다. 영화는 완성본이 나온 뒤에는 수정할 기회가 없다. 최종 결정까지 의견 수렴 및 적용이 진행된다. 공동 창작 의미를 체득할 수 있는 창작인 동시에, 폭넓은 소통을 통해 사고 확장을 경험하는 협업 예술인 것이다. 그렇기에 영화 만들기에 도전한 많은 창작 주체가 시나리오 단계에서 간절히 동료를 필요로 한다. 기획 및 시나리오 단계에서의 작업은 기본적이면서 큰 비중의 작업이다. 이 단계에 창작자는 먼저 오롯이 자신의 생각을 정리할 필요가 있다. 영화 제작의 첫걸음을 시작하자. 시나리오 집필 단계의 원칙은 일단 쓰는 것이다. 생각이 날아가지 않도록 당장, 메모하는 것이다. 조용히 혼자 정리할 수 있다면 가장 좋겠지만, 중간중간 점검하고 싶다면, AI와 소통의 창을 열어도 좋다. 대화 창구를 열어놓는 것이다. 외롭지 않게. AI는 동료의 반응을 기다리느라 창작 흐름이 깨지지 않도록 즉각적인 답을 해 주기 때문이다. 가장 중요한 것은 진행하는 것이다.

이야기 재료, 핵심어 모으기

먼저 무엇을 말하고 싶은지 주제 관련 핵심어들을 나열하자. 예를 들어, 사랑, 연대, 기다림, 우정, 꿈, 여행, 모험, 분노, 복수, 사연 등 머릿속을 떠다니는 언어들을 창작물의 범주 안으로 끌어온다. 이야기 속 인물 설정의 출발점이다. 성격, 배경, 목표 등 자유롭게 기록한다. 이야기의 주요 사건과 전개에 관한 것도 좋다. 플롯 구성에 중요한 아이디어일 수 있다. 당신의 키워드를 스스로 조합해 정리해 보는 과정에 자유롭게 AI와 아이디어를 나누는 것을 추천한다. 무수히 많은 질문과 답변을 통해 구체화하고 발전시키는 과정이 중요하다. 창작자가 자기 생각을 정리하는 게 부족할 수도 있고, AI의 해석이 지나치게 보편적일 수 있다. 핵심은 이야기의 뼈대를 구축하는 것이다. 자기 생각과 맞닿아 있는 것을 명확하게 정리하는 과정을 통해 시나리오로 발전시키는 토대를 잘 만들어 놓는 것이다.

재료 준비가 끝났으면 요리법을 생각하자

좋은 시나리오는 첫 장부터 마지막 장까지 막힘없이 읽혀야 한다. 덜컹거림 없이 읽히기 위해 이야기 구조와 캐릭터 설정 등을 명확하게 한 뒤 줄거리를 써야 한다. 뼈대 만들기 단계에 들어선 것이다. 앞서 핵심어들을 이야기 지도 위에 적절히 배치해 놓은 것을 시놉시스로 작성하면서 정리해야 한다. 시놉시스는 이야기 구조를 큰 틀에서 보는 첫 단계이자 이야기 뼈대를 구체적으로 보여주는 단계라고 할 수 있다. 흔히 대사를 먼저 쓰거나 대표적인 상황을 먼저 쓰는 창작자도 있지만, 시놉시스는 작가가 출발점에서 가진 이야기의 목표와 흐름을 흔들리지 않게 잡아놓기에 매우 중요한 과정이다. 이 단계에서 창작 주체는 이야기 전달 방법이 주제에 어긋나지 않는지 작성한 글을 토대로 점검하는 것이 좋다. AI의 분석과 참고 작품을 찾아 서사 구조의 적합성을 확인할 수 있다. AI의 분석력은 기획/시나리오 단계에서 가장 탁월한 능력을 발휘한다.

시놉시스를 작성할 때는 아리스토텔레스의 《시학》에서 언급된 후 130년의 영화 역사를 통해 검증된 3막 구조에 적용할 수 있다. 3막 구조에 맞춰서 1막은 이야기의 발단과 주요 캐릭터를 제대로 셋업(set-up)한다. 2막은 서브플롯 확장과 함께 갈등으로 치닫는다. 3막에서는 메인플롯과 서브플롯의 모든 문제가 해소되어야 한다. 물론, 상업 영화의 선명한 공식과 달리 저예산 독립영화임을 염두에 두고 혁신적인 도전을 고려하는 느슨한 구조도 고민해 볼 만하다. 이를테면, 해피엔딩보다 언해피엔딩, 그리고 오픈엔딩 등 결말의 다양성도 작가의 개성을 드러낼 수 있는 요소다. 이제 AI를 활용해 닮은 구조의 작품들을 분석한다. 구조에 확신이 없어도 창작 주체의 독창적 요소가 있다면, 혹은 캐릭터가 새롭다면, 맴돌고 있는 이야기를 아낌없이 쏟아놓는다.

많은 저예산 독립영화 창작 주체가 정부 기관과 민간 단체의 제작 지원을 얻기 위해 시도하는데, 다양성 영화의 지속 가능한 힘은 동시대 담론을 생성할 주제 의식을 가진 작품이 어떤 새로운 방식으로 하는가를 심사하는 경우가 많기 때문이다. 저예산 독립영화가 일회성 상영에 그치지 않고, 저변을 확대하기 위해서는 성공과 상업적 목적에 국한된 익숙한 프로젝트보다는 다양성에 기초한 실험적인 프로젝트를 선별하는 것이 영상 예술의 장기적 제작을 가능하게 하기 때문이다.

참고문헌

김아론(2015). 《단편 영화 연출》. 커뮤니케이션북스.

심산(2004). 《심산의 시나리오 워크숍 한국형 시나리오 쓰기》. 해냄.

염동철(2012). "저예산 장편 애니메이션의 창작 지원 정책에 관한 연구". 《애니메이션연구》, 8(4), 78~94쪽.

이찬복(2015). 《단편 영화 제작 입문》. 커뮤니케이션북스.

Pope, T.(1998). *Good scripts, bad scripts.* 박지훈·윤용아 옮김(2008). 《좋은 시나리오 나쁜 시나리오》. 커뮤니케이션북스.

04
시나리오 모니터

시나리오 모니터는 게임의 규칙을 확인하는 과정이다. 하고 싶은 이야기를 적절하게 표현했는지 점검해야 한다. 저예산 독립영화 특성과 창작자의 개성만큼 효율성도 중요하다. 선택은 창작자의 몫이다. AI에게 무수히 많은 질문을 던져 보자. 더 나은 방향을 고민하자. 많은 피드백을 얻는 것도 중요하지만, 보편적 법칙의 늪에 빠질 수 있다. 창작자는 취할 건 취하고, 버릴 건 버리면 된다. 중요한 것은 묻고, 들으면서, 고민하고, 수정해 보는 것이다. 시행착오를 즐기는 과정에 작품의 논리가 탄탄하게 구축되어 있을 것이다.

청각장애인과 AI?

모니터링

시나리오 집필 후 모니터링을 하는 것은 스토리의 질과 일관성을 보장하기 위함이다. 그러나 저예산 독립영화의 경우, 폭넓은 피드백을 얻는 데 한계가 있다. 모니터링의 중요성은 시나리오 집필 과정에서 놓칠 수 있는 결함이나 논리적 비약을 발견하고 이를 수정함으로써 스토리를 더욱 탄탄하게 만들 수 있다. 더불어 시나리오의 구조, 줄거리의 흐름, 캐릭터의 동기와 행동이 자연스럽게 연결되는지 확인하여 영화의 핵심 메시지가 관객에게 명확하게 전달될 수 있도록 조정하는 과정이다. 결과적으로 영화의 전반적인 완성도를 높이고, 관객들에게 감동적이고 몰입감 있는 경험을 제공하는 데 필수적인 과정 중 하나다.

무엇보다 모니터링은 관객의 시각에서 시나리오를 평가하는 데 도움을 준다. 특정 장면이 예상하는 감정을 잘 전달하는지, 영화의 전개 속도가 적절한지, 장르와 톤이 일관성을 유지하는지를 객관적으로 살필 수 있다. 더 나아가, 피드백을 활용하여 새로운 아이디어를 도입하거나, 스토리를 더욱 창의적으로 재구성할 기회를 제공한다. 결과적으로, 시나리오 모니터링은 단순히 오류를 수정하는 것을 넘어, 작품의 예술성과 상업적 잠재력을 극대화하는 중요한 작업이라고 할 수 있다.

그럼에도, 많은 창작자가 노련함을 인정받는 단계에 오르기 전에는, 초고에 대한 피드백을 받는 것 자체를 두려워한다. 자기 작품이 개인적인 정체성과 밀접하게 연결되어 있다고 느끼기 때문이다. 창작물은 작가가 가진 아이디어와 감정을 담은 결과물이기에 그에 대한 비판이 곧 자신에 대한 부정적인 평가로 여길 수 있다. 특히 수정 및 보완 경험이 부족하거나 자신감이 부족한 학생들은 부정적인 피드백을 받을 경우, 자신의 능력을 부정당하는 것처럼 느낄 가능성이 있다. 비판에 대한 두려움이 커지면, 피드백 과정을 회피하려는 경향이 생길 수 있다.

또한, 피드백 성격에 대한 불확실성 때문에 기피하기도 한다. 건설적인 조언보다는 작은 영화이니 쉽게 덮고 새것을 쓰라는 식의 단순 비판이나 무의미한 평가로 이어질 우려가 있으면, 이를 받는 것 자체를 꺼릴 수 있다. 게다가, 피드백을 어떻게 받아들이고 개선해야 하는지에 대한 경험이 부족한 상황이라면, 과정 자체가 부담스럽게 느껴질 수 있다. 하지만 두려움은 성장의 기회를 놓치게 만들 수 있기에, 피드백의 긍정적인 면을 이해하고, 이를 학습과 발전의 도구로 받아들이는 자세가 필요하다.

AI 기술을 활용하여 시나리오를 분석하는 플랫폼 ScriptBook이 있다. 벨기에 기업이 영화 시나리오 분석을 위해 개발했다. 1970년부터 2016년까지 미국의 관객을 만난 약 6500편의 영화 데이터를 학습해 시나리오의 구조, 캐릭터, 플롯, 스토리 전개 등을 분석해 상업적 성공 가능성을 예측하는 방식이다. 작품의 강점과 약점을 파악하는 것에서 그치지 않고, 타깃 관객 설정과 효과적인 이야기 전개를 위한 전략을 제안할 수 있다. 물론 저예산 독립영화의 경우, 특정 플랫폼의 흥행 예측 분석보다 창작 주체가 AI와 긴 호흡으로 폭넓은 대화를 나누면서 자신만의 논리와 근거를 하나씩 찾아가는 게 새로운 시도를 이끄는 좋은 방법으로 볼 수 있다. 다만, 예산이 제한된 상황에서 효율적인 핵심 요소에 집중할 수 있다는 점과 특정 장면에서 관객 반응을 예측할 수 있다는 점에서 AI 분석을 시도해 볼 만하다. 작품에 불필요한 부분을 찾아낸다는 것은, 제작비 절감에 직접적으로 도움이 되는 요소이기 때문이다.

AI 피드백

중요한 것은 시나리오를 완성했다면, 초고 점검을 시작

할 수 있다는 사실이다. 완성한 시나리오를 기반으로 AI는 피드백과 새로운 아이디어를 제공한다. 대사 변경에도 쉬운 표현을 찾는다. AI는 창작자의 자신감에 손상을 입히지 않는, 선을 지킬 줄 아는 모니터 요원이다. 시나리오의 문법적 오류와 논리적 비약을 찾아 수정점을 제안한다. 나아가 다양한 문화적 관점을 기반으로, 최신 트렌드에 적합한 캐릭터를 강화하는 데 조언한다. 물론 창작자의 의도와 다른 표현을 하거나, 지나치게 보편적인 틀을 기반으로 대안을 제시할 수 있다. 그저 관객의 관심을 끌 수 있는 극단적 아이디어에 그칠 수 있다. 그럼에도 창작자가 강조하고 싶은 대사를 더 설득력 있는 대사로 대체하는 방법을 안내할 수도 있다. 이 과정에 창작자와 AI의 차이로 충돌할 수 있다. 그래도 어떤가? 모든 선택은 창작자의 몫이다. AI는 함께 생각하는 동료로서 존재하는 것이다. 분명한 것은 창작자의 에너지를 소진하지 않고, 작업에 집중할 수 있는 소통 환경을 만들어 준다.

이제 점검을 시작하자. 시나리오는 아리스토텔레스의 3막(Act) 구조에 기초하여 시작, 중간, 끝으로 구성된다. 1막은 영화의 세계와 주요 등장인물, 그리고 주요 사건이 소개된다. 2막에서는 주인공이 문제를 해결하려 노력하면서 갈등과 혼란이 난무한다. 3막은 모든 사건이 해소되면서 마무리된다. 이는 120분 영화를 기준으로, 주요 사건이 발발하는 플롯 포인트와 이야기 쟁점이 변화하는 미드 포인트, 절정에 다다르는 두 번째 플롯 포인트 등으로 구분할 수 있다. 상업 영화가 선명하게 지키는 구조다. 독립영화의 경우 강도가 다를 수 있으나, AI와 함께 큰 틀에서 구조와 주제를 점검하는 데는 유용할 것이다.

스토리는 가장 작은 단위 요소인 비트(Beat)로 시작해 장면(Scene)으로 확장된다. 한 장면은 3~6개의 비트로 구성되고, 장면이 모여 스토리를 이루는 시퀀스(Sequence)를 형성한다. 시퀀스가 모여 한 막(Act)을 이루며 시나리오가 완성된다. 시나리오는 논리적이고 자연스러운 흐름을 유지하면서, 관객에게 몰입과 감동을 전달한다. 3막 구조와 주제, 플롯 포인트를 점검한 뒤, 시퀀스와 장면, 비트 분석을 통해 창작자가 의도한 바와 AI의 분석이 유사한지 확인하면 강조해야 할 점과 상징을 써야 할 점 등을 찾아낼 수 있을 것이다.

다음 단계는 시나리오 양식을 잘 지켰는지 점검할 수 있다. 시나리오는 현재형 작법으로, 단순하게 써야 한다. 눈앞에서 영상을 보는 듯 묘사해야 하지만, 간결함이 필수다. 구구절절 길게 복문으로 쓴다거나 문어체는 지양하고, 단문을 사용해야 한다. 단정한 글이 단숨에 읽힌다. 시나리오의 첫 독자는 작품의 스태프와 배우다. 명확한 동기가 있다면 정돈된 언어로, 효과적으로 전달하는 게 좋다. 시나리오는 헤드라인, 대지문, 소지문, 등장인물 이름, 대사, 그리고 장면 전환으로 구성된다. 헤드라인은 시간과 장소, 내부 또는 외부를 표시하고, 대지문은 장면을 간결하게 요약한다. 소지문은 인물의 행동과 심리를 부각하는데, 필요에 따라 사용된다. 장면 전환은 컷 투, 페이드인 · 아웃 등으로, 보이스 오버는 화면 밖에서 들리는 소리를 표현하는 데 활용된다. 구체적인 숏 사이즈나 앵글 등은 지양하는 게 좋다.

시나리오에서 캐릭터의 대사나 행동뿐만 아니라 공간, 조명, 의상, 소품, 날씨 등은 인물의 심리와 특징을 표현한다. 이는 작품의 주제를 은유적으로 드러내는 데 기여하는 요소들로, 창작 주체의 주관적 언어가 관객에게 깊은 인상을 남기기도 한다. 리들리 스콧 감독의 〈델마와 루이스(Thelma & Louise)〉에서는 귀걸이, 반지, 카우보이모자 같은 상징적 소품을 통해 남성 중심의 사회에 대한 거부와 여성의 자립을 시각적으로 표현한 것처럼 단순한 장면 묘사를 넘어, 작품의 메시지를 관객에게 은유적으로 전달하고 작품의 깊이를 더하는 중요한 도구가 되는 것이다.

AI와 헤드라인, 대지문, 소지문, 등장인물 이름, 대사, 그리고 장면 전환의 오류를 점검한 뒤 상징적 요소를 확인한다면, 얼마나 표현의 가능성이 확장되겠는가? 번뇌에 빠질 유혹이 높은 시나리오 피드백과 수정 단계가 외롭지 않을 것이다. 상의할 동료가 없어서 외롭다면, AI에 단계별로 질문해 보자. 답을 얻을 수 있다. 적절한 문답을 주고받는 시간이 오래 걸릴지도 모른다. 그러나 여러 질문에 고개를 끄덕일 만한 답변이 나오기 시작했다면, 창작자로서 당신은 이미 그 작품을 만들어야만 하는 이유를 안고, 스태프와 배우를 설득할 근거를 탄탄하게 구축했을 것이다.

참고문헌

강동현(2019.11.4). "84% 확률로 영화 흥행을 점치는 AI, 훌륭한 자산관리 매니저 역할까지 수행한다". 조선일보. http://businessnews.chosun.com/site/data/html_dir/2019/11/04/2019110480143.html

김아론(2015). 《단편 영화 연출》. 커뮤니케이션북스.

민경원(2014). 《영화의 이해》. 커뮤니케이션북스.

박지훈(2005). 《영화 제작 매스터북》. 책과길.

심산(2004). 《심산의 시나리오 워크숍 한국형 시나리오 쓰기》.

해냄.

Field, S.(1988). *The Screenwriter's Workbook*. Delta. 박지홍 옮김(2001). 《시나리오 워크북》. 경당.

Katz, S. D.(1991). *Film directing shot by shot: Visualizing from concept to screen*. Michael Wiese Productions. 김학순·최병근 옮김(1998). 《영화연출론》. 시공아트.

McKee, R.(1997). *Story: Substance, Structure, Style and The Principles of Screenwriting*. ReganBooks. 고영범·이승민 옮김(2002). 《시나리오 어떻게 쓸 것인가》. 황금가지.

05
영화 언어

좋은 작품이라는 판단은 들지만, 어딘가 아쉬운 느낌이 드는 작품이 있는가? 만약 당신의 작품에서 그런 느낌이 든다면 연출자는 영화 언어를 점검하는 게 좋다. 긴장과 몰입을 유지하는 작품들은 대체로 미장센, 모티프, 아이러니, 오브제, 맥거핀, 상징 등 다양한 영화 기법을 능수능란하게 활용한다. 극적 요소들을 배치해 감정 흐름을 치밀하게 계산해야 관객의 마음을 예측하고 흥미를 끌어낼 수 있다. 이런 요소는 이미 시나리오 안에 있을 수 있지만, 시각적으로 적절히 활용하지 못하는 경우가 많아 사전에 구체적으로 계획해야 한다.

AI 콘텐츠 크리에이터?

영화 언어의 이해

영화 언어를 이해하는 것은 스토리 전달과 창작 의도를 명확하게 하는 데 도움이 된다. 영화는 미장센, 숏 사이즈, 그리고 조명 등 감독이 스토리를 전달하기 위해 사용하는 이미지 언어로, 다양한 시각, 청각 요소를 융합해 메시지를 효율적으로 전달할 수 있다. 특정한 물건, 색채, 그리고 카메라 앵글을 활용해 등장인물의 심리와 주제를 효과적으로 드러낼 수 있다. 풍성한 영화 언어 활용은 관객의 공감과 몰입을 강화할 수 있으며, 예산이 제한적인 저예산 독립영화에서는 이를 적절히 조합하면, 한정된 자원 대비 최대 효과를 낼 수 있다.

영화는 관객과 소통하는 예술이다. 이전 창작물들의 탁월한 표현 기법을 발견하고, 해당 기법 활용 이유를 발견해 숙지한다면, 새로운 도전과 적용 방법을 찾을 수 있을 것이다. 이는 관객 역시 작품의 의미를 직관적으로 파악하고 깊이 이해하는 기회가 된다. 아울러 대중 상업 영화에 비해 한정된 범위에서 독창성과 실험성을 발휘해야 하므로 다양한 영화 언어 활용은 기존의 틀을 깨는 창의적인 접근을 가능하게 한다. 이를 통해 창작자는 자신의 철학적, 예술적 비전을 매력적으로 전달할 수 있을 것이다.

영화의 미장센은 감독이 스토리를 효과적으로 전달하기 위해 영화 내에서 모든 시각적 요소를 배치하는 방법으로, 작가에 따라 유동적으로 변화하기에 작가의 특색을 드러내는 요소다. 공간과 소품, 조명 등을 활용하여 감정이나 분위기를 표현할 수 있는데, 자연광을 활용하거나 간단한 세트를 통해서도 강력한 시각적 효과를 낼 수 있다. 봉준호 감독의 〈기생충〉(2019)에서 반지하와 박 사장 저택을 대비하는 장면은 미장센을 효과적으로 활용한 대표적인 사례다. 기택 가족이 사는 반지하는 창문이 작고 낮은 위치에 있어 거리의 오물과 빛이 함께 들어온다. 반면 박 사장의 저택은 넓고 개방적인 구조로, 커다란 창문을 통해 자연광이 들어오며 깔끔하게 정돈된 정원이 보인다. 이러한 공간적 대비는 인물들의 사회적 지위를 시각적으로 강조하며, 영화의 핵심 주제인 빈부 격차를 효과적으로 드러낸다.

오브제는 특정한 의미나 상징을 지닌 상징적 소품이다. 의상, 배경 등의 물체 등을 통해 메시지와 감정을 전달하는 중요한 역할을 한다. 그 자체로 시각적 표현이 되기도 하고, 특정 감정이나 분위기를 유도해 주제나 메시지를 깊이 있게 전달할 수 있다. 또한 캐릭터의 내면을 드러내거나 중요한 메시지를 전달하는 중요한 도구로 활용된다. 박찬욱 감독의 〈올드보이〉(2003)에서 장도리는 주인공 오대수의 처절한 복수를 상징하는 오브제다. 15년간 감금당한 후 풀려난 그는 낡은 장도리 하나를 손에 쥐고 적진으로 향한다. 좁은 복도에서 벌어지는 원테이크 롱숏 장면에서 그는 수많은 적과 맞서 싸우며 망치를 휘두른다. 단순한 액션이 아니라, 오대수의 분노와 처절한 의지가 담긴 장면이다. 인물의 감정을 더욱 극대화하는 동시에 물리적인 폭력뿐만 아니라 그의 고통과 억눌린 분노의 상징이 되는 것이다.

프레임은 현실 세계와 영화 세계를 구분 짓는 경계로, 구도와 미학적 역할을 하며, 감독은 특정 부분에 상징적인 아이디어를 담아 관객에게 다양한 의미와 메시지를 전달한다. 구도는 인물의 내면 상태를 상징적으로 표현하는 데 사용된다. 이창동 감독의 〈시〉(2010)에서 창틀과 문을 활용한 프레임 구성이 중요한 장면으로 등장한다. 주인공 미자는 치매 초기 증상을 겪으며 시를 배우기 시작하는데, 손자와 관련된 충격적인 사건을 알게 되면서 혼란에 빠진다. 이때, 그녀의 내면을 창문, 문틈, 거울 등의 프레임을 적극적으로 활용해 표현한다. 창틀이 마치 그녀를 둘러싼 보이지 않는 틀처럼 기능하고, 고립감과 억압된 심리를 강조한다. 또한 병원 복도에서 열린 문을 통해 그녀를 먼 거리에서 보여주는 것은, 그녀가 점점 현실에서 멀어지고 있음을 암시한다. 이러한 프레임 활용은 단순한 구도 이상의 의미를 가지며, 주제를 깊이 있게 전달하는 중요한 요소로 작용한다.

셔레이드(Charade)는 원래 제스처 게임을 뜻하는데, 신체 언어나 비언어적인 수단을 통해 감정이나 의미를 표현하는 기법이다. 배우의 표정과 몸짓을 활용해 감정을 전달하는 중요한 수단으로 사용된다. 무성 영화 시대의 찰리 채플린이나 버스터 키튼은 셔레이드를 코미디 장르에서 예술적으로 승화시켰으며, 유성 영화의 발전과 함께 시청각적 요소를 아우르는 형태로 확장되었다. 미장센의 구성 요소 중 하나로, 신체 언어, 소도구, 상징적 요소를 통해 인물의 내면과 감정을 표현하며, 다양한 비언어적 기호로 분류한다. 예를 들어, 봉준호 감독의 〈괴물〉(2006)에서 아버지 강두가 딸 현서를 잃고 절망에 빠지는 장면에서 강두가 바닥에 주저앉는 모습은 대사 없이도 그 내면의 고통과 절망을 관객에게 생생히 전달한다. 이는 신체 언어를 통해 감정을 탁월하게 전달한 예로 볼 수 있다.

색채는 감정과 분위기를 전달하는 중요한 시각적 요소로, 영화의 서사와 캐릭터를 표현하는 데 큰 역할을 한다. 색깔은 감정을 표현하는 데 사용되며, 예를 들어 붉은색은 열정이나 분노를, 푸른색은 차가움이나 평온함을 나타낸다. 또한 상징적인 의미를 담고 있어 흰색은 순수와 희생을, 검은색은 어둠과 공포를 상징하고, 영화의 테마나 감정선, 분위기를 강조하는 중요한 도구로 사용된다. 시대적 배경이나 공간을 설정하는 데 활용되며, 대조와 대비를 통해 긴장감을 조성할 수 있다. 이처럼 색채는 단순한 장식이 아니라 영화의 감정과 서사를 강화하는 중요한 수단으로 활용된다. 이를테면, 푸른색은 차가움을, 빨간색은 긴장감을 전달할 수 있는데, 김지운 감독의 〈장화, 홍련〉(2003)은 색채를 효과적으로 활용한 대표적인 한국영화다. 영화는 붉은색과 푸른색을 대비하며 등장인물의 감정과 서사를 시각적으로 표현한다. 특히 장화가 새어머니와 갈등을 겪는 장면에서, 그녀의 방 안에는 붉은색과 분홍색 계열이 강하게 사용해 억눌린 감정과 불안, 그리고 폭발할 듯한 긴장감과 감정적 혼란을 강조한다. 반면, 새어머니가 있는 공간은 차가운 푸른색과 회색 톤으로 표현되며, 그녀의 냉정한 태도와 감정적 거리감을 암시한다. 후반부, 장화의 환영이 등장하는 장면에서 붉은 조명이 방 안을 가득 채우는데, 이는 분노와 억울함이 극대화되는 순간을 시각적으로 강조해

공포감을 고조시킨다. 색채를 단순한 미장센 요소가 아니라 서사의 감정선을 강화하는 도구로 활용해 강렬한 인상을 준 것이다.

AI와의 협업

이렇게 감독은 영화 언어들을 적절히 조합해 영화의 스타일과 메시지를 전달한다. 예를 들어, 폭력을 묘사할 때 강렬한 색상이나 비대칭적인 구도, 사운드를 강조하여 감정적 효과를 극대화할 수 있다. 폭력적인 장면에서는 강한 대비를 주거나, 빠른 카메라 움직임과 사운드를 사용하여 긴장감을 고조시키는 방법을 통해 관객은 특정 감정을 더 강하게 경험할 수 있는 것이다. 특정 요소들을 전략적으로 활용해 영화의 전반적인 메시지와 분위기를 명확하게 전달하고, 영화의 시각적 스타일을 효과적으로 활용하려면 제한된 자원 안에서도 창의적으로 접근하는 것이 중요하다. 특히 저예산 독립영화에서 효율적인 영화 언어 활용은 필수다. 기존 영화 언어의 활용 예시를 기반으로 접목과 변화의 가능성을 찾아야 한다. 상징적으로 제시할 방안을 마련해야 한다.

AI는 저예산 독립영화에서 창의적이고 효율적인 영화 언어 사용을 도울 수 있다. 시간과 비용을 절감하는 효과적인 도구가 되어, 자료 탐색에 멈추지 않고, 방대한 자료를 기반으로 새롭게 도전할 스타일과 기법에 대해 안내한다. AI는 저예산 독립영화 창작자들에게 영화의 장면 구성, 미장센, 색채, 촬영 기법 등 다양한 레퍼런스를 신속하게 찾아 아이디어 확장과 창의성을 증대시키는 과정을 통해 기존 영화나 예술 작품에서 영감을 얻어 새로운 시각적 스타일이나 서사를 개발할 수 있는 협업자 역할을 하는 것이다. 이는 저예산 독립영화 제작에 어려움을 느끼는 창작자에게 탁월한 성공 사례, 명확한 레퍼런스를 제공하고, 나아가 변형 방법을 제안해 독창적인 작품으로 발전시키는 데 일조할 가능성을 열어 준다. 시간을 절약하고, 제한된 예산 내에서 더 나은 표현술을 접목하는, 시도의 놀이터인 셈이다.

참고문헌

김아론(2015). 《단편 영화 연출》. 커뮤니케이션북스.
민경원(2014). 《영화의 이해》. 커뮤니케이션북스.
박지훈(2005). 《영화 제작 매스터북》. 책과길.
박지훈(2022). "청각장애를 소재로 한 영화에 나타나는 셔레이드 기법 분석: 사운드 오브 메탈을 중심으로". 《영상기술연구》, 40, 35~60쪽.
송낙원(2013). 《영화 연출》. 커뮤니케이션북스.
이정국(1999). 《시나리오 창작기법》. 지인.

정헌(2013). 《영화 기술 역사》. 커뮤니케이션북스.
Giannetti, L.(1982). *Understanding movies*. 김진해 옮김(1989). 《영화의 이해: 이론과 실제》. 현암사.

06
스토리보드

저예산 독립영화 제작에서 스토리보드 단계를 건너뛰려는 창작자들이 있다. 시간과 에너지를 줄이는 데 생략하기 쉽다고 판단하는 것이다. 실은 반대다. 영화 제작은 사전에 명확한 계획이 있어야만 예산을 초과하는 위험을 피할 수 있다. 스토리보드는 장면을 시각적으로 구체화한 설계도다. 배우와 제작진이 각 장면에서 자신의 역할을 예측할 수 있게 하고, 촬영 시간과 자원을 효과적으로 관리하는 안내서다. 돌발 상황을 최소화하면서 제작을 완료할 수 있다.

AI와 민주주의?

스토리보드의 역할

저예산 독립영화는 대형 상업 영화에 비해 상대적으로 적은 예산으로 제작되는 영화로 창의성과 예술성이 강조되며 감독의 자유로운 표현이 가능하다. 다만, 예산이 한정적이기 때문에 제작 과정에서 여러 가지 어려움에 직면한다. 제작비를 효율적으로 관리해야 하는데 이를 위해서는 철저한 계획과 준비가 필수다. 스토리보드는 창작자의 생각을 구체화하고, 스토리의 연속성을 보장하는 데 필수적이다. 장면을 시각적으로 제시해 배우와 제작진이 각 장면에서 자신의 역할을 미리 파악할 수 있게 도와준다.

또 장면 간의 구도, 카메라 움직임, 그리고 인물의 배치가 스토리의 의미를 전달하는 데 핵심적인 역할을 한다. 장면의 전환과 흐름을 세밀하게 예측할 수 있기에, 촬영 시간과 자원을 효율적으로 관리하는 안내서 역할을 한다. 이는 단순히 시각 대본을 넘어서 돌발 상황을 최소화하면서 제작을 완료하는 데 기여한다. 특히 저예산 영화는 대개 짧은 시간 안에 촬영을 마쳐야 하므로 시간 관리가 매우 중요하다. 스토리보드를 통해 촬영 순서와 분량을 미리 계획하면 불필요한 대기 시간이나 재촬영을 줄일 수 있고 제작비 절감으로 이어진다.

배우와 스태프도 제한적이라 소통과 협력이 수월해야 하기에 스토리보드를 통해 원활한 커뮤니케이션을 도모할 수 있다. 마지막으로 저예산 영화는 종종 자원이 부족해 예상치 못한 문제가 발생할 수 있는데, 이때 스토리보드는 문제 해결의 실마리를 제공한다. 촬영 장소가 갑자기 취소되거나 배우가 다치는 등의 상황에서 스토리보드를 참고해 신속히 대처 방안을 마련해 완성도를 높일 수 있다. 이는 제작 과정에서 팀워크를 강화하는 데 중요한 도구가 된다고 볼 수 있다. 감독, 촬영팀, 배우, 디자이너 등 모든 제작진은 콘티를 기반으로 구체적인 작업 계획 및 대안을 세울 수 있는 것이다.

이렇게 시각적으로 명확히 공유된 계획은 팀원들 간의 오해를 줄이고, 협업의 효율성을 높인다. 특히 저예산 독립영화의 경우, 제한된 인력과 자원으로 작업이 이루어지기 때문에 팀원 간의 명확한 의사소통과 협력이 더욱 중요하다. 이러한 이유로 콘티와 스토리보드는 독립영화 제작에서 필수적인 도구로, 영화 제작의 전 과정을 체계적으로 이끌어가는 데 핵심적인 역할을 한다.

AI 스토리보드

한국방송광고진흥공사(KOBACO)가 출시한 AI 기반 스토리보드 제작 도구 AiSAC이 있다. AI를 활용한 광고 창작 지원 서비스인데, 저예산 독립영화 제작자들이 효율적으로 사용할 만한 스토리보드 제작 도구 중 하나다. 사용자가 텍스트로 장면 설명을 입력하면, AI가 자동으로 이미지를 생성해 스토리보드 제작 과정을 간소화하는 도구로, 보유 이미지를 업로드하거나 직접 그림을 추가해 원하는 장면에 적합한 구체적인 스토리보드를 완성할 수 있다. 최근 저예산 독립영화 제작자들이 활용하면 창의적인 스토리보드 제작 도구들이 제법 출시되었으니, 자신에게 맞는 것을 찾아 작업하는 것이 좋다.

먼저 AiSAC의 경우, 진행 단계가 매우 간편하고 직관적이다. 제작진은 AiSAC 홈페이지에 로그인한 후 스토리보드 제작 페이지를 선택해 들어간다. 영화의 각 장면에 대한 설명을 텍스트로 입력하면, AI가 해당 장면을 시각적으로 표현한 이미지를 생성한다. 신속히 생성된 이미지를 기반으로 수정 및 보완이 가능하기에 사용자가 원하는 대로 명령어를 넣으면, 이미지 교체가 가능하다. 사용자가 원하는 템플릿과 스타일 옵션을 활용하여 영화의 분위기에 맞는 기본 틀을 제작할 수 있다.

이렇게 생성된 이미지에 추가적인 정보를 삽입할 수 있다. 각 장면의 대사, 카메라 앵글, 조명 설정 등을 텍스트로 기재하여 제작진이 장면의 의도를 명확히 이해할 수 있도록 안내할 수 있다. AiSAC은 단순하고 친숙한 인터페이스를 제공하기에 이러한 작업을 쉽게 수행할 수 있다. 필요에 따라 이미지 확대를 비롯해 세부 사항을 다양하게 조정할 수 있다. 마지막으로, 완성된 스토리보드는 PDF나 이미지 파일로 내보내어 공유할 수 있고, 클라우드 기반으로 작업 내용을 저장하기에 언제든지 수정할 수 있고, 협업 가능하다. 촬영 현장에서 사용하기까지 예산이 적은 독립영화 제작진이 사용하기에 실용적인 도구다.

Canva도 간편하게 사용하기 좋은 스토리보드 제작 도구 중 하나다. Canva의 경우, 직관적인 인터페이스와 다양한 템플릿을 제공한다. 사용 방법도 간단해 초보자도 쉽게 사용할 수 있다. 사용자는 먼저 Canva 홈페이지에 접속해 계정을 생성한 뒤 검색창에 '스토리보드'를 입력하여 원하는 템플릿을 선택하면, 이 템플릿들은 영화의 장르와 스타일에 맞게 작업할 수 있다. 기본적인 레이아웃과 디자인 요소가 포함되어 있어 각 프레임에 텍스트, 이미지, 아이콘 등을 추가할 수 있고, 직접 촬영한 이미지 삽입이 가능하며, AI 기반의 이미지 생성 기능을 활용해 창의적인 시각 자료를 제작할 수 있다.

스토리보드 제작은, 각 장면 구성을 구체적으로 계획하는 것이다. 작품 관련 자료 중 제작진이 아이디어에 적합한 이미지를 촬영한 사진들을 업로드해 구체적인 표현이 가능하다. 대부분 드래그 앤 드롭 기능을 활용해 이미지, 아이콘 등을 추가해 주요 요소를 시각적으로 표현할 수 있다. 각 장면에 대한 설명과 대사를 추가할 때, 다양한 글꼴과 색상 옵션을 제공하여 텍스트를 강조하거나 장면의 분위기를 표현할 수 있다. 드래그 앤 드롭 방식으로 이미지와 텍스트를 쉽게 배치해, 색상 조정, 글꼴 변경, 애니메이션 효과 등을 적용해 보다 생동감 있는 스토리보드를 만들 수 있다.

방대한 이미지 라이브러리를 활용하거나 다양한 디자인 요소를 활용해 장면의 배경, 등장인물의 위치, 카메라 앵글 등 텍스트와 그래픽으로 시각화할 수 있고, 장면 간의 흐름을 시각적으로 연결하기 위해 화살표나 선을 추가할 수 있다. 이러한 작업은 영화 제작진과의 소통을 원활하게 하고, 촬영 과정에서 혼란을 줄이는 데 도움을 준다. 이렇게 완성된 스토리보드는 팀원들과 공유하거나 출력하여 촬영 전 확인할 수 있으며, 클라우드 기반으로 작업 내용을 저장하기에 촬영 전 언제든 수정도 가능하다. 제작진과 실시간으로 협업할 수 있기에, 저예산 독립영화 제작자는 제한된 자원 내에서도 체계적이고 효율적인 제작 과정을 계획하고, 이를 신속히 적용할 수 있는 것이다. 스토리보드 작업 완료 후에는 PDF, PNG, JPG 등의 형식으로 내려받을 수 있는데, Canva의 장점은 무료 버전에서도 기본적인 기능을 충분히 제공한다는 점이다. 프로 버전에서는 더 다양한 템플릿과 고급 편집 기능을 활용할 수 있지만, 무료 버전만으로도 저예산 독립영화 창작자들에게 유용한 도구라 할 수 있다.

제작진에게 더 자세한 설명을 해 주고 싶다면, 프리 비즈를 제작하는 방법도 있다. Midjourney의 경우, 텍스트 기반으로 이미지를 생성하는 도구이기에 프리비즈 영상 제작에 효율적이다. 먼저, Midjourney 홈페이지에 접속해 계정을 생성한다. 이때, 최신 버전 활성화는 기본이다. 플랫폼 사용 경험이 없어도 가이드에 따라 초보자도 충분히 시작할 수 있다. 이제 프롬프트를 Midjourney에 입력하여 이미지를 생성한다. 프리비즈 제작에 필요한 장면을 텍스트로, 정확하게 설명하는 것이 중요하다. 현장에 함께할 스태프와 배우를 설득한다는 마음으로 명확하게 지시해야 한다. 예를 들어 "바다가 보이고 밝은 햇빛이 비치는 카페테라스, 작은 화분이 놓인 빈 테이블 하나"와 같이 구체적이고 생생한 표현을 사용한다.

Midjourney는 텍스트를 기반으로 신속히 이미지를 생성해 그 결과를 사용자가 바로 확인할 수 있다.

결과가 아쉽다면, 필요에 따라 프롬프트를 조정하거나 재작성하여 원하는 이미지와 근접한 결과를 얻으면 된다. 다만, 단번에 원하는 이미지를 얻으려 하지 말고, 무수히 많은 시행착오를 통해 적합한 장면을 얻을 수 있다는 것을 기억해야 한다. 또한 프리비즈 영상 제작을 위해서는 추가 작업이 필요할 것이다. Midjourney를 통해 생성된 이미지를 기반으로 Adobe Premiere Pro나 DaVinci Resolve와 같은 영상 편집 도구를 사용하여 추가 편집을 진행한다. 스토리텔링에 맞춰서 신과 시퀀스를 잘 배열하고, 필요한 경우 텍스트를 넣어 설명하거나, 음악을 추가한다. 특별히 강조할 필요가 있는 카메라 움직임을 추가하여 생동감 있는 프리비즈 영상을 완성한다. 이렇게 출력된 영상을 제작진과 공유하여 참고 자료로 활용해 보완이나 수정이 필요한 사항을 발견해 작품의 완성도를 높일 수 있다. Midjourney를 활용한 프리비즈 영상 제작은 저예산 독립영화 제작자들에게 제한된 자원 내에서 시간과 비용을 절약하는 데 매우 유용하다.

참고문헌

Giannetti, L.(1982). *Understanding movies.* 김진해 옮김(1989). 《영화의 이해 이론과 실제》. 현암사.

Katz, S. D.(1991). *Film directing shot by shot: Visualizing from concept to screen.* Michael Wiese Productions. 김학순·최병근 옮김(1998). 《영화연출론》. 시공아트.

07
촬영·조명

저예산 독립영화 제작 시 프로덕션 단계에서 가장 중요한 것이 일정 싸움이라고 볼 수 있다. 기상 조건과 로케이션 데이터를 바탕으로 효율적인 촬영 일정을 계획할 수 있도록 안내하고 관리하는 것은 물론, AI를 통해 숏 구성 및 빛의 방향에 따른 변화를 예측해 촬영/조명을 최적화할 수 있다. 또한 블루/그린스크린 활용 후 AI 구현 이미지를 합성해 사전에 문제점을 점검할 수 있으며, 자동화된 AI 장비를 제어해 새로운 기법의 촬영을 시도할 수 있다.

AI와 애니메이션?

일정 관리

저예산 독립영화 제작에서는 프로덕션 단계를 효율적으로 활용할 수 있는 방법을 찾는 것이 관건이다. 일정 관리는 제작 비용을 절감하면서도 퀄리티를 높일 수 있는 중요한 요소다. StudioBinder와 로드J는 영화 제작 단계에서 일정을 관리하고 공유하는 도구 중 하나다. 프리프로덕션부터 활용할 수 있는 플랫폼이지만, 촬영을 준비할 때부터 활용할 수 있다. StudioBinder의 경우, 영화 제작 과정에서 촬영 일정을 실시간으로 관리할 수 있는 통합 관리 도구다. 제작진의 효율적인 협업을 지원해, 영화 제작의 다양한 요소를 체계적으로 관리할 수 있는 기능을 제공한다. 일정 관리, 콜 시트 제작, 팀원 간 협업, 보고서 출력 등 영화 제작에 필요한 기능들을 직관적으로 설계하여 제작진이 실시간으로 모든 정보를 공유할 수 있다.

StudioBinder는 대본 기반 일정 관리 기능을 제공하는데, 시나리오 완성본을 업로드하면 각 장면을 자동으로 분석하여 촬영 일정을 생성한다. 촬영에 필요한 장소, 배우, 소품 등을 태그하여 세부 일정에 포함하고, 드래그 앤 드롭 방식으로 촬영 순서를 조정할 수 있어서 시간을 효율적으로 배분할 수 있다. 콜 시트 제작 기능도 있는

데, 촬영 장소, 시간, 그리고 배우와 스태프 정보를 생성해 이메일이나 공유 링크로 배포한다. 변경 사항 발생 즉시 정보를 공유하고 조율할 수 있어서 현장의 혼란을 줄이고, 모든 제작진이 일정과 준비 사항을 명확히 알 수 있다.

일정이나 콜 시트에 대한 피드백을 댓글로 남기면, 서로의 업무를 점검하여 최신 정보를 확인할 수 있다. 또한 데이터 보고서를 제공하여 촬영 진행 상황을 한눈에 확인할 수 있다. 일정과 제작 데이터 등 시각화된 자료를 PDF 파일로 언제든 볼 수 있기에 일정 관리를 더욱 체계적으로 수행할 수 있다. 영화 제작의 모든 단계를 효과적으로 조정할 수 있기에 소통 문제를 예방하고, 팀워크를 강화할 수 있기에 영화 제작진에게 시간과 자원을 절약할 수 있는 관리 도구라 볼 수 있다.

한국 기업이 개발한 로드J의 경우, 영화 제작 과정에서 촬영 일정을 실시간으로 관리할 수 있는 모바일 애플리케이션으로, 특히 현장의 제작진과 스태프 간의 효과적인 협업과 정보 공유를 지원한다. 로드J는 촬영 일정 관리, 스태프 연락처 정리, 내비게이션 기능 등 다양한 실용적인 도구를 통해 제작의 복잡한 프로세스를 간소화했다. 저예산 독립영화 제작과 같이 일정과 시간 관리가 중요하기에 더욱 유용하다. 일일 촬영 계획표를 문서화하여 제공하는데, 촬영 장소와 시간을 앱에 입력하면, 스태프와 배우가 확인할 수 있다. 촬영 장소와 관련된 상세 정보 확인 후 자신의 역할에 맞는 준비를 할 수 있다.

로드J는 촬영 장소와 내비게이션을 연동해 촬영 장소를 앱에 입력하면 내비게이션 기능이 최적의 경로를 계산하고 소요 시간을 표시한다. 이를 통해 제작진이 시간에 맞춰 여유롭게 촬영 장소로 이동할 수 있으며, 여러 촬영지 이동 일정이 있을 때 시간 관리를 효과적으로 할 수 있다. 주소를 별도로 입력할 필요 없이 클릭만으로 내비게이션이 실행되기 때문에 사용자가 더욱 편리하게 이동할 수 있다. 또한 스태프와 배우의 연락처 및 정보를 관리할 수 있는 데이터베이스 기능을 제공해 현장에서 연락처를 빠르게 검색하고 연락을 실행할 수 있기에 커뮤니케이션이 원활하게 이루어진다. 제작진의 출석 여부도 실시간으로 확인할 수 있어 제작 관리에 도움을 준다.

마지막으로, 정산 기능을 제공하여 제작진이 식사비나 기타 비용을 온라인으로 정산할 수 있다. 오프라인 방식의 번거로움을 줄이고, 빠른 정산을 통해 제작진의 휴식 시간을 더 효율적으로 사용할 수 있다. 또한 시간별 촬영 정보를 제공하며, 이를 통해 정교한 일정 관리가 가능하다. 실시간 정보를 바탕으로 제작진은 현장에서 최적의 결정을 내릴 수 있으며, 제작 과정 전체를 체계적으로 관리할 수 있다. 이렇게 모든 단계를 직관적으로 확인하고 수정할 수 있는 도구가 지속적으로 개발 및 상용화되면, 제작진에게 큰 도움이 될 것이다.

더불어 저예산 독립영화의 경우, 대형 프로젝트에 비해 촬영/조명 장비를 많이 사용할 수 없는 여건이기에 최소한의 장비로 최대의 효과를 드러내는 게 중요하다. 시나리오를 기반으로 장면의 분위기와 감정을 분석해 최적의 촬영/조명 배치를 고려한 프리비즈도 시도해 보면 좋다. 이 단계에서는 자동카메라 트래킹, 장면 구성, 숏 리스트와 광원 위치, 색 온도, 명암 대비 등을 대략적으로 설계하여 영상의 최적화 방향을 확인한다. 부족함을 느낀다면, 촬영과 조명 기술을 효율적으로 활용할 수 있는 AI 도구를 더 찾아볼 수 있다.

촬영과 조명

Runway AI의 경우, 영화 제작 과정 촬영 장면과 관련된 이미지나 영상을 업로드하면, 조명 설정과 색상 보정 같은 요소를 분석해 시뮬레이션 기능을 활용하여 적합한 조명을 설정한다. 카메라 움직임을 시뮬레이션하는 기능도 제공한다. 줌, 팬, 틸트 같은 움직임을 설정하거나 AI가 제안하는 움직임을 적용해 더 좋은 장면을 끌어낼 수 있다. 역동적인 장면과 최적의 카메라 구도를 포착할 수 있고, 장면의 분위기에 따라 조명 배치와 밝기를 자동으로 제안하며, 사용자가 세부적으로 조정을 진행할 수 있다. 현실감을 강조하기 위해 색 온도나 그림자 효과 등 세부적인 설정도 가능한데, 이런 사전 점검은 실제 촬영장에서 발생할 수 있는 문제를 예측해 대비할 수 있게 한다. 테스트 결과물은 PDF, 이미지, 영상 형식으로 내보내 제작진에게 최종 설득의 자료로 활용할 수 있다.

저예산 독립영화 프로젝트에서 다양한 레퍼런스 수집은 필수다. 이때, AI는 창작자가 원하는 촬영/조명을 적용한 장면들을 찾아 제시할 수 있다. 좋은 레퍼런스는 촬영/조명 설계에 드는 시간과 비용을 줄일 수 있다. 자연광을 활용할 수 있는 상황이라면, 조명을 최소화한 탁월한 장면을 알고 있는 게 더 좋은 결과를 도출할 수밖에 없는 것이다. 이런 면에서 AI는 기존 자료를 토대로 AI는 촬영/조명 제작 단계에서 예산을 줄일 방법을 분석해 적합한 장비와 제작 방법을 추천할 수 있다. 카메라와 조명 장비 등을 비롯해 제한된 자원 내에서 효과적으로 활용할 수 있는 방안을 제안한다. 불필요한 비용을 절감하는 것은 저예산 독립영화 제작 주체의 능력치를 높이는 요소 중 하나가 된다. 기술적 한계를 극복하며 창의적 결과물을 만들어 내는 것이 창작 주체의 핵심 재능으로 볼 수 있기 때문이다.

나아가 예산 절감을 위한 블루/그린스크린 촬영 계획에 대한 접근도 생각해 볼 수 있는데, 기술의 발전은 저예산 영화 제작자들이 더 나은 이미지를 구현하는 기회를 제공하기 때문이다. 블루/그린스크린 촬영 기법은 배경을 효과적으로 제작하는 방법으로, 이는 다양한 실험을 가능하게 하는 동시에 자본에 의존하지 않고 창의적인 접근을 허용한다. 저예산 영화 제작에서는 참여 스태프들이 여러 역할을 동시에 수행하는 경우가 많은데, 블루/그린스크린 촬영 시에는 각 스태프가 현장에서의 역할을 유연하게 수행해 예산 절감 효과가 있다고 볼 수 있다. 인적 자원의 효율성을 높이는 게 필수적인 상황에서 가능성 중 하나인 것이다.

나아가 블루/그린스크린 촬영을 통해 최종적으로 구현할 수 있는 시각적 효과는 관객에게도 새로운 볼거리 제공을 확장하는 것이기에 저예산 영화의 가치를 높이는 데 기여한다고 볼 수 있다. 이전까지 저예산 영화에서 쉽게 보여주지 못했던 상상의 공간들을 블루/그린스크린을 통해 AI가 생성한 과거 또는 미래의 공간과 결합하는 것이다. 작은 영화에서 쉽게 상상의 영역을 구현하기 힘들었다면, AI에 의해 구현된 시간과 공간의 새로움을 보여줄 수 있는 것이다. 촬영은 블루/그린스크린을 설치할 수 있는 단순한 세트장에서 진행하며, AI가 구현한 배경과 합성해 시공간 경계를 허무는 이야기를 선사할 수 있다. 이를 통해 제한된 공간에서도 폭넓은 이야기를 보여줄 수 있다.

그럼에도 저예산 독립영화 제작에서 장르를 신중히 고민하는 것은 예산 절감에서 중요한 전략이 될 수 있다. 장르에 따라 영화 제작에 필요한 자원과 요구 사항이 크게 달라지기 때문이다. 예를 들어, SF나 판타지 같은 장르는 특수 효과와 특별한 의상이 필요할 가능성이 있기에 제작비가 많이 증가할 수 있지만, 드라마 또는 코미디 같은 장르는 현실적인 설정과 간단한 소품만으로도 제한된 예산 내에서도 높은 완성도를 구현할 수 있다. 촬영장소 역시 장르에 따라 비용 효율성을 높일 기회가 있다. 공포 장르는 자연 속에서 촬영할 수 있어 로케이션 비용을 줄일 수 있지만, 시대극은 역사적 장소와 복잡한 소품이 필요해 비용이 많이 들 수 있다. 이처럼 AI 생성 영상과의 결합을 염두에 두더라도 장르는 제작의 기본 비용을 조정하는 데 중요한 요인으로 작용한다는 것을 기억해야 한다. 저예산 독립영화의 핵심은 예산 관리와 창의적 시도가 핵심이다.

참고문헌

박연웅(2006). 《디지털영상세대를 위한 스토리보드의 이해》. 동양문고.

박지훈(2005). 《영화 제작 매스터북》. 책과길.

안영진 외(2007). 《한국 영화 제작 매뉴얼》. 커뮤니케이션북스.

Kenworthy, C.(2009). *Master shots: 100 advanced camera techniques to get an expensive look*. 민경원 옮김(2011). 《마스터 숏》. 커뮤니케이션북스.

08
편집·사운드

편집은 이야기 구조를 정리하고 시각적 리듬을 조절해 긴장과 감정을 끌어올린다. 이야기의 연속성과 흐름을 유지하고 불필요한 장면을 줄이고 몰입을 높인다. 사운드 디자인은 현장감을 높이고, 분위기 조성과 감정 전달에 영향을 준다. 배경 음악, 효과음, 대사 등을 적절히 조절해 분위기를 이끌고 핵심 메시지 전달을 강화한다. 편집과 사운드 디자인에 충분한 시간과 노력을 투자하여 작품의 완성도를 높이는 것이 중요하다. AI를 활용해 작업 속도를 높이고, 풍성한 시도를 통해 작품의 완성도를 높일 수 있다.

AI와 인재 채용?

편집

저예산 독립영화 제작에서 편집은 영화의 완성도를 결정짓는 핵심 요소다. 편집은 스토리의 흐름과 리듬을 형성하며, 불필요한 장면을 과감히 제거하고 시각적 흥미를 배가시키는 작용을 한다. 창의적인 편집 기법을 통해 제한된 촬영 분량을 최대한 효과적으로 활용할 수 있다. 촬영된 장면을 어떻게 편집하느냐가 영화의 품질과 관객의 몰입도를 결정짓는다. 사운드 디자인 또한 감정적 몰입을 높이고 시각적 부족을 보완하는 데 중요한 역할을 한다. 적절한 배경 음악과 음향 효과는 영화의 분위기를 강화하며, 관객의 감정을 끌어낸다. 촬영본의 녹음 품질 문제를 해결하고 음향의 명료성을 높여 관객이 대사나 스토리를 더 잘 이해할 수 있도록 한다. 창의적인 사운드 디자인은 시각적 표현을 대신하거나 보완하며, 영화의 스토리텔링을 더욱 풍부하게 만드는 데 기여한다.

저예산 독립영화 제작 현장 대부분 모든 장면을 창작 주체가 원하는 만큼 완벽하게 촬영하기 어려운 경우가 많다. 편집과 사운드 디자인을 통해 부족한 부분을 보완하고 최적화하는 후반 작업이 절실하다. 핵심만 강조하면서 이야기를 간결하고 명확하게 구성하는 게 좋다. 독립영화는 상업적인 영화보다 깊이 있는 이야기를 시도하는 경향이 있기에, 인물의 내적 갈등을 잘 표현하기 위한 고민이 필수다. 속도와 리듬을 조정하는 것도 편집의 중요한 역할 중 하나다. 적절한 템포 유지와 흐름에 맞는 컷과 전환을 추가해 흐름을 자연스럽게 만들 수 있다. 예를 들어, 긴장감이 필요한 장면에서는 속도를 늦추고, 액션이나 중요한 전환점에서는 빠르게 전개함으로써 관객의 몰입도를 높일 수 있다.

AI 기반 편집 툴의 빠른 성장세는 저예산 독립영화 제작에서 자동화된 편집 기능을 제공한다. 영상 클립을 분석하고 최적의 편집점을 제안해 작업의 시간과 노력을 절감할 수 있고, 다양한 편집 템포를 제안하여 감독이 원하는 방식으로 이야기를 전개할 수 있다. 그래서 AI 기반 편집 도구는 저예산 독립영화 제작자들에게 필수적인 도구로 자리 잡고 있다. 물론 완벽하진 않다. 대사 및 음성 분석을 통해 자연스러운 대화 흐름을 이끄는 정도다. 그럼에도 창작자에게 반복적이고 시간이 많이 소요되는 작업을 줄여, 창의적인 작업에 집중할 수 있도록 돕는다. 예산이 부족하면, 세트 제작과 특수 효과 사용이 여의치 않기 때문에, 창작자는 다양한 기능을 추가로 활용해 완성도를 높일 반짝이는 대안을 고민한다.

사운드

사운드 디자인의 영역에서도 AI 기반 편집 툴이 촬영 중에 발생할 수 있는 조명이나 소음 등을 보완 및 제거할 수 있다. 해당 장면에 어울리는 배경 음악이나 효과음을 자동으로 생성해 연결할 수도 있다. 이러한 기능은 장면 연결을 자연스럽게 처리하는 데 멈추지 않고, 작품 분위기 분석 후 여러모로 완성도를 높이는 데 중요한 대안을 확인할 수 있는 요소가 된다. 편집과 사운드 디자인에서 AI 기능을 활용하는 것은 단순히 새로운 기술을 시도하는 것이 아니라 창작 주체의 메시지를 강화하는 중요한 과정으로 쓰이는 것이다. 더불어 사용할 수 있는 범위의 기능을 테스트하는 것 또한 저예산 독립영화의 새로운 도전 태도라고 볼 수 있다.

Adobe의 Adobe Premiere Pro와 Blackmagic Design의 DaVinci Resolve는 영화 영상 창작자들이 가장 많이 사용하는 편집 도구다. 많은 창작자들이 인정한 소프트웨어답게 신속하게 AI 기술을 적용해 효율적인 편집 경험을 제공 중이다. 저예산 독립영화 창작자들에게, 경제적 매력이 있는 AI 기술은 유용하게 활용할 이유가 된다. 이를테면, 자동 장면 전환 감지 기능으로, 장면 변화를 분석해 자동으로 컷을 나눠 영상의 주요 장면을 빠르게 찾아낼 수 있다. 자동 색 보정 기능은 AI가 색상의 균형을 자동으로 맞춰 주어, 일관성을 느낄 수 있도록 돕는다. 이 기능들은 모두 시간이 많이 소요되는 반복 작업을 단축하기에, 편집자가 더 중요한 창의적 작업에 집중할 수 있게 만든다.

특히 AI가 음성을 텍스트로 변환하여 자막을 생성해 주는 음성 인식과 자동 자막 생성 기능은 자막의 타이밍과 정확한 텍스트를 자동으로 제공하기에 배리어프리 영화 제작진에게 매우 유용한 기능이다. 이 외에도 수평 비디오를 수직 비디오로 변환할 때, AI는 피사체를 인식해 중요한 부분을 잘라내고 화면 비율에 맞춰 플랫폼에 적절한 사이즈를 자동으로 재조정하는 Auto Reframe 기능과 인물들의 대화가 있을 때 배경 음악의 볼륨을 자동으로 낮추는 Audio Ducking 기능은 소리의 균형을 자연스럽게 맞추어 오디오 작업을 돕는다.

DaVinci Resolve는 영화 제작자들이 상당히 많이 사용하는 강력한 편집 도구다. 색 보정을 비롯해 포스트 프로덕션을 위한 대표적인 소프트웨어 중 하나로, 최근 AI 기반 혁신적인 기능들을 제공하고 있다. 자동 컷 편집 기능은 영상 내에서 컷 포인트를 자동으로 감지하고 클립을 분할하는데, 컷 지점이 제법 신뢰할 만하다. 자동 색 보정 기능 역시 촬영된 영상의 색을 분석해 최적의 색 보정을 적용한다. 자동 자막 생성 기능 역시 음성을 텍스트로 신속히 변환해 자막 생성이 필요한 프로젝트인 경우, 직접 자막을 타이핑할 필요가 없다. 자막의 정확성도 제법 신뢰할 만하다.

얼굴 인식 및 추적 기능의 경우, 얼굴을 자동으로 인식해 색 보정이나 이펙트를 얼굴에 맞게 적용할 수 있다. 여러 인물이 등장하는 장면에서 각 인물의 특징을 분석해 색 보정이나 조명 효과를 자동으로 처리할 수 있도록 돕는다. 객체 제거 및 트래킹 기능은, 영상에서 배경에 있는 불필요한 물체나 사람을 자동으로 식별하고, 객체 제거 후, 주변 환경에 맞게 자연스럽게 배경을 채워준다. 오디오 정리 기능 또한 배경 소음 제거 및 대화의 선명도를 자동으로 높여 음질 개선에 도움이 된다. 녹음 환경이 좋지 않거나 장비의 한계로 인해 발생하는 음향 문제를 일차적으로 해결할 수 있어, 제작자들에게 특히 큰 도움이 된다.

다만, Adobe Premiere Pro와 DaVinci Resolve의 AI 기능이 아무리 편리해도 편집자의 창의성을 대체하기 어렵다. 예를 들어, AI가 장면을 잘라낼 때 의도하지 않게 중요한 요소를 놓칠 수 있으며, 자동 색 보정은 감성적이고 예술적인 색감을 반영하는 데 한계가 있다. 음성 인식 기능은 발음이나 배경 소음에 민감해 정확한 텍스트로 변환되지 않을 수 있고, 때때로 예기치 않은 오류가 발생할 수 있다. AI 편집 의존성이 과도해지면 기본적인 편집의 의미와 예술적 표현 감각을 잃을 위험이 있다. 분명 빠르고 효과적인 작업을 할 수 있기에 저예산 영화 창작 주체에게 시간 절약과 효율성을 제공하고 초보자와 협업 기회가 확장되지만, 창의적 표현술을 대체할 수 없다는 점을 인지하고, 어디까지나 일정 비율을 담당하는 협업 동지로 여기는 게 좋다.

앞서 촬영 단계에서 시간과 공간의 제약을 피하고자 예산 절감을 위한 블루/그린스크린을 활용했다면, 무료 영상 제공 사이트를 통해 제작 비용을 줄일 수 있는 소스를 활용하는 게 도움이 된다. Pixabay는 풍부한 무료 영상 라이브러리를 보유하고 있다. 자연 풍경, 인테리어 장면 등 다양한 소스를 제공한다. 저작권 걱정 없이 사용할 수 있는 HD 및 4K 등 높은 품질의 영상을 무료로 제공한다. 크레디트가 필요한 일부 콘텐츠를 제외하면, 대부분 소스를 자유롭게 활용할 수 있다. 모션 그래픽과 애니메이션 클립도 포함된다. 저예산 독립영화 제작자들에게 필수적인 요소를 충족시키고, 시각적인 완성도를 높이는 데 기여하니 공간에 제약이 있을 때 적절히 활용하면, 비용을 절감하면서도 저예산 독립영화의 영상미와 완성도를 한층 높일 수 있다. 또한, 영상 제작 초보자에게 접근성이 좋은 블루/그린스크린 합성을 위한 무료 도구들이 있으니, CapCut, Wondershare Filmora 등으로 연습해 볼 것을 추천한다. 직관적 인터페이스와 크로마 키 기능이 배경을 쉽게 제거하고 다른 배경으로 대체할 수 있기에 간편하게 사용할 수 있다.

참고문헌

문홍식(2001). 《영화만들기 A to Z: 청소년 영화 따라잡기》.

안영진 외(2007). 《한국 영화 제작 매뉴얼》. 커뮤니케이션북스.

Giannetti, L.(1982). *Understanding movies*. 김진해 옮김(1989). 《영화의 이해 이론과 실제》. 현암사.

Katz, S. D.(1991). *Film directing shot by shot: Visualizing from concept to screen*. Michael Wiese Productions. 김학순·최병근 옮김(1998). 《영화연출론》. 시공아트.

Kenworthy, C.(2009). *Master shots: 100 advanced camera techniques to get an expensive look*. 민경원 옮김(2011). 《마스터 숏》. 커뮤니케이션북스.

09
영화 완성

저예산 독립영화 한 편을 완성했다고 할 때, 인고의 시간을 아는 사람은 함께한 동료나 유사한 작품을 만든 경험자들일 것이다. 제작비 부족으로 인한 장비와 인력 부족은 물론 작업 비용을 절감하기 위해 무수한 고민의 산물이기 때문이다. 가까스로 완성했다고 해도 상영이라는 높은 벽이 있다. 배급과 홍보 예산 부족 역시 저예산 독립영화가 직면한 문제다. 이렇게 많은 고민이 남았지만, 가장 중요한 것은 작품의 완성도다. 독립영화 창작 주체는 끊임없이 확인하고 다시 시도해야 한다. 그래야 작품을 통해 소통의 기회를 가질 수 있다.

AI와 기자?

점검

영화가 완성되었다면, 이제 세상에 공개하기 전에 마지막 모니터링을 진행해야 한다. 작품에 대한 정보가 전혀 없는 예비 관객에게 작품을 보여주고 강점과 약점을 파악해야 한다. 먼저, 이야기의 자연스러운 흐름을 확인해야 한다. 영화의 전체적인 흐름이 논리적인지, 서사 구조가 일관성 있게 전개되는지, 또 주제가 효과적으로 전달되는지 확인해야 한다. 이야기의 흐름에서 혼란스러운 부분이 있거나 불필요한 장면이 포함되어 있는지를 점검해 플롯 포인트 위치의 적절성을 점검한다.

캐릭터의 일관성과 연기의 설득력 또한 중요하다. 행동과 대사가 캐릭터의 성격을 잘 반영하고 있는지, 연기가 자연스럽게 전달되는지를 확인한다. 캐릭터의 행동과 대사에 덜컹거림은 없는지 그들의 성격에 비추어 볼 때 동의할 수 있는지, 그리고 캐릭터 간의 관계가 명확하게 드러나는지를 확인한다. 만약 캐릭터가 관객에게 충분히 공감되지 않는다면, 해당 부분을 강화할 방법을 모색해야 한다. 특히 주요 캐릭터 간의 관계와 감정선이 효과적으로 표현되고 있는지 살펴야 한다.

편집과 영상 흐름과 기술적 측면도 평가한다. 장면 간 전환이 자연스러운지, 특정 장면이 지나치게 길거나 짧아 몰입을 방해하지 않는지, 컷의 타이밍이 적절한지 장면 전환이 매끄럽게 이루어지고 있는지, 확인하면서 편집의 리듬이 관객에게 부담을 주지 않도록 해야 한다. 사용된 효과나 필터가 이야기와 분위기에 맞게 적절히 사용되었는지, 불필요한 장면이 포함되어 영화 흐름을 방해하지 않는지 점검하는 것도 중요하다. 전반적인 리듬감과 템포가 적절하며, 이야기의 전개를 효과적으로 뒷받침하는지 꼼꼼히 확인해야 한다.

또한 시각적 요소와 오디오의 조화를 살펴본다. 음향과 음악이 영상과 잘 맞는지 점검해야 한다. 영상, 색감, 조명 등이 영화의 분위기와 주제를 잘 표현하고 있는지, 음악과 음향 효과가 적절하게 사용되고 있는지, 대사와 음향의 밸런스가 잘 맞는지, 배경 음악과 음향 효과가 각 장면에 잘 배치되어 감정을 전달하는 데 효과적인지 등을 점검하는 것이다. 배경 음악이 아무리 좋아도 지나치게 강조된다면 몰입에 방해가 되기에 세밀하게 조절해야 한다. 이러한 점검을 통해 음향과 음악이 영화의 감정을 제대로 끌어내는 역할을 하도록 만들 수 있다.

주제가 명확하게 전달되고 있는지도 중요한 점검 사항이다. 창작자가 영화를 통해 전달하고자 하는 핵심 메시지가 분명하게 드러나고 있는지, 관객이 주제를 쉽게 이해할 수 있도록 충분히 풀어냈는지 확인한다. 더불어 다양성과 포용성이 고려되었는지를 확인한다. 성, 인종, 나이 등에 대한 고정관념이나 편견이 없는지, 다양한 배경과 문화를 가진 인물들이 공정하게 묘사되고 있는지를 점검한다. 아무리 흥미 요소를 잘 배치하여 관객의 몰입과 긴장감 유지에 성공했다 하더라도, 편견으로 인해 불편함을 주는 순간 작품에 대한 신뢰가 깨질 수 있기 때문이다. 이러한 과정을 통해 불필요한 장면은 과감히 제거하고 필요한 점은 잘 보강하여 완성도를 높인다.

독립영화의 의미

자. 이제 부족한 예산을 견디고 스스로에게 수없이 많은 질문을 던지며, 고된 시간을 버텨서 창작자가 드디어 영화를 완성했다. 미처 말로는 못 할 작품에 대한 애틋함이 있을 것이다. 제작진이 저예산 독립영화를 만드는 이유는 그 자체로 창작의 열정과 신념이나 메시지에 대한 확고한 의지에서 출발했을지 모른다. 그럼에도 저예산 독립영화의 제작은 실제로 많은 어려움과 고통을 동반하기에 감독이 영화를 만드는 데는 여러 이유가 뒤섞일 것이다. 영화를 향한 진정성과 진심으로 볼 수 있는데, 창작 주체가 반드시 영화라는 틀을 통해 이야기하고 싶었

던 것이 있는 경우다.

창작자는 작품을 만들어 냄으로써 성장한다. 실제로 많은 독립영화 감독이 작품을 만드는 과정을 통해 개인적인 성장을 경험했다고 말한다. 턱없이 부족한 예산 앞에서 모든 게 부족하고 어렵게 느껴지는 상황이지만, 그럼에도 자신의 이야기를 조금씩 담아내면서 영화 제작의 의미를 찾는다. 무엇보다 저예산 독립영화는 감독이 홀로 수행해야 하는 상황이 많다. 시나리오, 촬영, 편집, 사운드 등 다양한 작업을 고민하면서 많은 경험을 쌓을 수 있다. 이 과정은 중도 포기하지 않는 한 창작자로서의 역량을 키우는 데 큰 도움이 된다. 작품을 만드는 동안, '내가 이걸 왜 하려고 했을까?'에서 '하길 잘했다. 다음엔 더 잘할 수 있을 것 같아!'라고 생각의 전환이 일어나는 마법을 경험해 본 감독들이 의외로 많은 이유다.

상업 영화는 큰 예산이 필요하고, 많은 사람들이 자연스럽게 과정에 관여한다. 창작자가 원하는 스타일이나 목표 등이 다소 휘발되기도 한다. 반면, 저예산 독립영화는 창작 주체가 모든 과정에 직접 관여하고, 처한 상황을 점검하면서 모든 결정을 한다. 스스로 진심을 담아 영화를 만든다는 믿음과 진정성을 우선한다. 상업 영화의 경우, 제작사나 투자자의 요구에 맞춰야 하는 제약이 있기에 창작의 한계를 경험한다. 반면, 저예산 독립영화는 창작자가 원하는 대로 이야기, 형식, 스타일을 자유롭게 선택할 수 있다. 자신만의 독특한 개성을 발산할 기회다. 많은 영화 창작자가 돈보다 자신의 예술적 표현에 충실히 하고자 하는 이유다.

창작 주체는 영화를 통해 자신이 바라보는 세상에 대한 메시지를 자유롭게 던지거나 문제 제기를 할 수 있다. 적지 않은 저예산 독립영화가 사회적 이슈와 개인적이고 진솔한 이야기를 통해 쉽게 드러나지 않는 내면, 번뇌를 다루고 있다. 성 소수자, 빈곤, 환경, 정치적 억압 등 대중 영화에서는 조심스러워하는 주제들을 독립영화에서는 깊이 사유하는 장이 된다. 창작자는 작품을 통해 사회에 메시지를 던지고, 확산적 사고를 유도한다. 영화는 성찰의 기능을 지닌 영상 예술로서 사회 변화를 촉발하는 강력한 도구가 될 수 있다. 그리하여 감독은 자신이 말하고 싶은 내용을 표현할 기회로 쉽지 않은 저예산 독립영화 제작한다. 제작 과정과 창작물 공유를 통해 창작자들 간의 협력과 소통, 깊은 연대를 경험한다. 자금 부족, 배급의 어려움 등으로 고통스럽고 힘들지만, 독립적인 환경에서 결과물을 도출하는 과정을 통해 창작 주체가 성장과 성취감을 느끼게 되는 것이다.

반대로 이렇게 만들어진 소위 작은 영화를, 관객은 왜 애써 상영관을 찾아와 보는 것일까? 독립영화 상영관을 찾는 관객들은 새로운 경험을 추구할 것이다. 상업 영화는 대중적이고 안전한 주제를 다루지만, 독립영화는 실험적이고 독특한 이야기를 탐구한다. 관객들은 새로운 관점에서 자신의 시선을 발견하기에 기존의 틀을 벗어난 서사를 통해 다양한 감정을 경험하기 때문일 것이다. 그 과정에 다양한 문화와 소수 집단의 이야기를 발견하고 자신이 몰랐던 세계를 접하면서 문화적 이해를 넓히고, 다양한 삶의 방식을 이해하는 시간도 갖게 되는 것이다.

예술적 가치와 의미를 중시하는 관객은 대부분 볼거리가 화려하지 않은 저예산 독립영화에 큰 매력을 느낀다. 새로운 이야기를 접하는 자체만으로도 자기 성찰의 기회라 여기는 것이다. 독립영화를 지속적으로 찾는 충성도 높은 관객에게 영화는 단순한 오락을 넘어, 자신의 세계를 돌아보고 삶의 의미를 고민하게 만드는 도구인 것이다. 마지막으로, 독립영화는 예산 부족으로 배급, 마케팅, 상영 등이 여의치 않기에 지역 사회와의 연결을 통해 작은 공동체 상영 기회를 만들기도 한다. 공동체 상영관의 경우, 영화가 지역 사회의 문화 공간으로서 기능하면서 상호 긍정적인 작용을 한다. 관객은 소박하지만 반짝이는 예술가들의 활동을 보면서 공동체 의식을 느낀다. 더불어 공동체 관람 후 깊이 있는 토론을 통해 소통의 의미를 발견할 수 있기에, 공동체 상영은 창작 주체와 관객 서로에게 영화 이상의 문화적 경험을 공유하는 것이다.

참고문헌

낭희섭·윤중목(2015). 《독립영화 워크숍, 그 30년을 말하다》. 목선재.

이찬복(2015). 《단편 영화 제작 입문》. 커뮤니케이션북스.

이찬복(2021). 《디지털 콘텐츠 창작》. 커뮤니케이션북스.

전주국제영화제(2021). 《아이 엠 인디펜던트》. 프로파간다.

Munroe, R. M.(2009). *How not to make a short film*. 이찬복 옮김(2013). 《나는 단편 영화가 망하는 모든 이유를 알고 있다》. 커뮤니케이션북스.

10
영화로 만나는 사람

정현종 시인의 〈방문객〉이라는 시에는 이런 구절이 있다.

사람이 온다는 건/실제로 어마어마한 일이다./ 그는 그의 과거와/ 현재와/ 그리고/ 그의 미래와 함께 오기 때문이다./ 한 사람의 일생이 오기 때문이다./ 부서지기 쉬운/ 그래서 부서지기도 했을/ 마음이 오는 것이다

영화 수업을 위해 학생들을 만나는 첫날, 이 시를 함께 읽는다. 영화 존재의 의미와 맞닿아 있다고 느끼기 때문이다.

AI와 미래 의사?

영화 속 사람

정지우 감독의 영화 〈4등〉은 1등만 기억하는 세상에서 4등을 반복하는 초등학생 수영 선수 준호가 폭력적인 코치와의 갈등 속에서 진정한 성취와 행복의 의미를 찾는 이야기다. 김보라 감독의 영화 〈벌새〉는 가족, 친구, 그리고 세상과의 관계 속 혼란스러운 청소년 은희가 상처와 치유, 그리고 상실을 통해 자신의 정체성을 찾는 여정을 담은 이야기다. 김도영 감독의 영화 〈82년생 김지영〉은 사회적 압박과 성차별 속에서 살아온 김지영이 누군가의 딸이자 아내, 동료이자 엄마로 사는 데 어려움을 느끼고 자신을 되찾는 여정을 그린 이야기다. 이지은 감독의 영화 〈비밀의 언덕〉은 모두에게 사랑받고 싶은 열두 살 소녀 명은이 글쓰기 대회를 통해 숨기고 싶었던 가족에 대한 속마음을 드러내며 자기 이해의 과정을 탐구하는 이야기다.

영화 〈4등〉은 주인공 준호가 처한 일상을 통해 교육과 폭력이라는 소재를 넘어 한국 사회의 근본적인 문제를 파헤친다. 주인공 준호는 수영 선수로서 항상 4등에 머물며, 그의 엄마는 아들의 성공을 위해 극단적인 방법을 동원한다. 준호의 성적을 올리기 위해 새로운 코치를 고용하고, 코치는 준호의 재능을 발견하지만 1등을 향한 절실함이 부족하다고 판단해 혹독한 훈련과 매질을 가한다. 이를 훈련 목적의 선의로 포장한 코치는 자신이 선수 시절 경험했던 트라우마에서 비롯된 것이다. 자신의 실패를 준호에게 투영해, 개인의 의지와 집중력을 강조하는데, 폭력의 대물림으로 이어진 원인인 것이다. 영화는 이러한 과정을 통해 폭력이 어떻게 정당화되고 반복되는지를 보여준다.

〈4등〉은 단순히 교육의 문제에 그치지 않고, 폭력의 구조적 문제와 개인의 책임으로 치환되는 사회적 메커니즘을 날카롭게 분석한다. 준호와 코치의 관계를 통해 폭력의 대물림과 그로 인한 상처를 조명하며, 폭력의 본질과 그 해결 방안을 고민하게 만든다. 더불어 모든 비대칭 관계에서 단순히 물리적인 힘이 아니라, 사회적 관계 속에서 암묵적으로 동의한 권력 구조를 통해 상징적 폭력이 뿌리내리는 과정을 인식케 한다. 이는 경쟁 중심인 한국에 폭력이 제도화되는 과정을 설득력 있게 보여 주는 동시에 인간의 존엄성과 진정한 성취, 그리고 행복의 의미를 되묻는 것이다.

영화 〈벌새〉는 1994년의 한국을 배경으로 중학생 은희의 일상과 사회적 트라우마를 병치해 개인과 사회의 관계를 탐구한다. 은희는 부모님의 무관심과 오빠의 폭력, 친구와의 갈등 속에서 성장통을 겪는데, 이러한 개인적 경험은 당시 발생한 성수대교 붕괴 사건과 같은 사회적 트라우마와 연결된다. 영화는 가부장적 가치관이 가족 구성원에게 미치는 영향을 드러내는 것을 통해 압축성장과 근대화의 부작용을 파헤친다. 어느 날, 은희는 한문 학원 선생님 영지를 만나게 되는데, 그녀의 훈계 대신 지혜를 담은 교육을 통해 삶의 새로운 의미를 깨닫게 된다. 그러나 성수대교 붕괴로 영지가 희생되면서, 은희는 큰 상실감을 느끼고, 인간관계에 대해 깊은 성찰을 하게 된다.

영화는 개인의 감정과 사회적 사건의 상호작용을 섬세하게 그려내며, 한국 사회의 변화와 개인의 성장에 대해 사유를 이끈다. 청소년의 단순 성장 이야기가 아니라, 한국 사회가 직면한 문제들을 반영해, 압축 성장의 그림자와 개인의 내적 갈등을 사실적으로 보여주는 것이다. 이를테면, 은희 가정은 전통적인 가부장 체제로, 남녀의 성적 차이를 근거로 사회적 차별을 정당화하는 과정이 관행으로 굳어진 사례로, 성차별의 경우, 상징적 폭력이 두드러지게 나타나는 형태다. 영화는 여기서 도덕과 율법을 관장하는 언어의 전유물로 자리 잡은 가부장 체제에서 목소리를 낼 수 없는 여성의 부재를 드러낸다. 이에 대한 해결책으로 저항 논리의 발생을 모성과 자기희생을 포함한 여성적 언어의 사용, 즉 '여성적 글쓰기'에 주목한다. 〈벌새〉는 중학생 소녀 은희의 사춘기 경험을 여성의 목소리와 감정으로 일기나 자서전처럼 풀어낸 것이다.

영화 〈82년생 김지영〉은 1982년 태어난 지영이 결혼 후 전업 주부로 자녀 양육과 가사를 맡으며, 사회에서 여성에게 요구되는 역할을 수행 중인 어느 날, 어머니를 비롯한 다른 여성들의 목소리를 흉내 내면서 혼란을 겪는다. 자신의 변화를 이해하지 못한 지영이 정신과 의사를 찾고, '상징적 폭력'과 '성차별'을 내면화한 결과로, 사회적, 경제적, 문화적 압박 속에서 자아를 잃고 있다는 진단을 받는다. 영화는 한 여성의 개인적인 위기를 넘어서, 전형적인 한국 사회의 차별 구조와 그로 인한 여성들의 내적 갈등을 지영이 학창 시절, 직장 생활, 결혼 후의 삶을 현재와 과거를 교차하며, 불평등을 그려낸다.

서발턴 계급(subaltern classes)은 정치적으로 조직화가 어려운 대중을 의미하는데, 이 용어는 20세기 초 안토니오 그람시(Antonio Gramsci)가 정치 프로젝트를 설계하는 과정에서 사용했다. 스피박(Gayatri Chakravorty Spivak)에 따르면, 서발턴 여성들은 타자에게 타자화된 존재로, 그늘에서 일생을 농인으로 살아가야 한다. 이러한 맥락에서 82년생 김지영은 한국 사회에서 여성으로 살아가는 것이 서발턴 계급의 여성들이 처한 운명과 유사하다는 점을 고발한다. 영화는 폭로에 멈추지 않고, 말하기와 듣기의 관계, 남녀 간 상호작용을 재조명하는데, 말하기가 단지 발화에 그치지 않고, 교류와 소통의 중요한 과정임을 강조해 평등한 관계로 변화할 가능성을 제시한다.

영화 〈비밀의 언덕〉에서 초등학교 5학년 명은은 선생님께 인정받고자 노력하고, '정상적인 가정'처럼 보이기 위해 반장 선거에 출마하는 등 애를 쓰지만, 부모님의 젓갈 가게 운영과 일상 속 거친 언행은 명은을 위축시킨다. 사회적으로 노동을 천시하는 시선 속에서 명은은 중산층의 생활 방식을 이상적인 것으로 내면화하며 자신의 가정을 열등하게 느낀다. 반장으로 선출된 그녀는 학교에서 뛰어난 리더십을 발휘하며 친구들과 선생님의 인정을 받지만, 집에서는 늘 갈등한다. 글쓰기에 재능이 있는 명은은 처음에는 사회적으로 바람직한 주제로 글을 쓰며 교내 상을 받지만, 솔직함이 부족한 글이 공감을 얻지 못한다는 것을 깨닫는다.

그러던 어느 날, 새로 전학 온 쌍둥이 자매가 자신들의 어려운 가정환경을 담아낸 솔직한 글쓰기로 주목받는 것을 보고 명은은 가족에 대한 진실과 감정을 표현한다. 시에서 주최한 글짓기 대회에서 대상을 받으며 자신의 문화적 자본을 인정받게 되지만, 자신의 솔직함이 부모님을 실망하게 할까 염려하며 번민한다. 결국 명은은 중산층 가정의 생활 방식만이 가치 있는 것이 아니며, 자신의 가정과 부모님의 삶 역시 대안이 될 수 있음을 깨닫는다. 그녀는 글쓰기를 통해 노동을 천대시하는 사회적 가치를 거부하고, 가족의 사랑과 희생을 자각하며 도덕적 성장을 이룬다.

영화는 문화적 자본과 사회적 자본의 계급 차이를 중심으로 전개된다. 현대 사회에서 물질적 자본 외에도 문화적 자본은 중요한 역할을 한다. 교양, 매너, 취향, 교육은 사람의 품격을 평가하는 기준이 되며, 이러한 문화적 자원은 단순한 경제적 자원을 넘어 사회적 지위와 연결된다. 명은은 사회적 가치를 내면화하며, 가족에 대한 불만과 자신의 감정을 솔직하게 글로 표현하고 번뇌하는 과정을 통해 문화적 자본이 물질적 자본에 못지않게 중요한 자산임을 깨닫게 된다. 영화는 소녀의 성장 이야기를 넘어서, 문화적 자본과 사회적 계급 차이에 대한 성찰을 제공한다. 명은은 문화적 자본의 부족함을 극복하기 위해 글쓰기를 도구로 삼고, 이를 통해 자기 자신과 사회를 이해하고, 자신만의 도덕적 기준을 형성한다. 관객은 명은의 성장과 내적 변화를 통해 현대 사회에서 문화적 자본이 사람들에게 미치는 영향을 이해할 수 있게 된다.

성찰의 도구

앞서 언급한 4편의 영화는 주인공이 사회적 시스템 내에서 상처 입고, 갈등하고, 번뇌하고, 성찰하는 과정을 통해 자신을 오롯이 받아들이고, 성장하는 과정을 그린 작품이다. 〈4등〉은 상징적 폭력 현상과 교육의 방향성을, 〈벌새〉는 가부장제로 인한 상처와 여성적 글쓰기를, 〈82년생 김지영〉은 사회적 압박과 상호 소통의 중요성을, 〈비밀의 언덕〉은 사회적 계급 차이와 문화적 자본의 의미를 다룬다. 이 영화들은 작은 영화라 부르는 저예산 독립영화 범주에 속하지만, 수업 중 이십 대 청춘들에게 그 어떤 대작보다 열띤 토론과 뜨거운 사적 영역의 이야기들을 끌어낸다. 작품 속 인물들의 상황과 처지를 함께 고민하고, 사회적 문제와 자신을 연결 지어 생각을 나눈 뒤 마지막으로 조흡 선생님의 영화평을 읽고 갈무리하면 영화가 사람을 만나고 이해하게 만드는 성찰 도구임을 깨닫게 된다.

100% AI 영화 제작을 제외하면, 협업 예술이자 자본 예술인 영화는, 절대로 혼자 시도하지 못하는 종합 예술이다. 그럼에도 작은 영화가 어떻게 우리의 일상을 포착해 영상화하는지, 그 과정은 충분히 AI와 준비할 수 있다. 영화를 제작한다는 것은 사람을 바라보는 과정이고, 사람을 만나는 과정이며, 사람과의 관계를 엮는 과정이다. AI 도구를 다양하게 사용한다면, 창작을 꿈꾸는 이가 간절히 표현하고 싶은 '사람'을 구체화할 수 있을 것이다. 그리고 영화 속 주인공이 될 그 사람을 재현하기 위해, 함께 영화를 만들 동료들을 만나게 될 것이다. AI와 나눈 무수한 대화 덕분에 스태프와 배우 설득에도 실력을 발휘할 수 있을 것이다. 성찰 도구로 저예산 독립영화 제작에 도전해 보기를 권한다. 영화 속 사람은, 우리가 사는 이 사회의 가치에 의문을 제기하고, 기꺼이 진정한 자아 발견을 이끄는 안내자가 될 것이다. 독립영화는 사람과 사회를 탐구하고, 변화를 끌어내는 강력한 성찰 매체이기 때문이다.

참고문헌

조흡(2016). "〈4등〉: 의지의 승리와 상징적 폭력".

《대한토목학회지》, 64(7), 51~53쪽.
조흡(2020a). “〈벌새〉: 상징적 폭력에 맞선 여성적 글쓰기”. 《대한토목학회지》, 68(1), 98~100쪽.
조흡(2020b). “〈82년생 김지영〉: 서발턴 여성과 듣기의 중요성”. 《대한토목학회지》, 68(2), 92~94쪽.
조흡(2025). “〈비밀의 언덕〉 체화된 사회적 가치와 계급: 문화적 자본의 사회 물질성 탐구”. 《대한토목학회지》, 73(1), 114~116쪽.
Giannetti, L.(1982). *Understanding movies*. 김진해 옮김(1989). 《영화의 이해 이론과 실제》. 현암사.
Bourdieu, P.(1979). *La Distinction*. 최종철 옮김(1996). 《구별짓기》. 새물결.

오혜령

서울예술대학교와 상명대학교에서 영화를 공부했다. 서강대학교에서 영상 예술학 석사, 세종대학교에서 교육학 석사, 동국대학교에서 영화영상제작학 박사학위를 받았다. 현재 서울예술대학교, 계원예술대학교, 대진대학교에 출강 중이며, 중등정교사 자격과 직업훈련개발 교사 자격으로 다양한 교육기관에서 연극영화 교육과 영상 제작 수업을 담당하고 있다.